Thomas Modliba

Asiatische Managementmethoden im mitteleuropäischen Unternehmen

Von TQM, QfD und KVP zur ISO 9001

Diplomica Verlag GmbH

Modliba, Thomas: Asiatische Managementmethoden im mitteleuropäischen
Unternehmen: Von TQM, QfD und KVP zur ISO 9001.
Hamburg, Diplomica Verlag GmbH 2013

Buch-ISBN: 978-3-8428-8213-3
PDF-eBook-ISBN: 978-3-8428-3213-8
Druck/Herstellung: Diplomica® Verlag GmbH, Hamburg, 2013

Bibliografische Information der Deutschen Nationalbibliothek:
Die Deutsche Nationalbibliothek verzeichnet diese Publikation in der Deutschen
Nationalbibliografie; detaillierte bibliografische Daten sind im Internet über
http://dnb.d-nb.de abrufbar.

Das Werk einschließlich aller seiner Teile ist urheberrechtlich geschützt. Jede Verwertung außerhalb der Grenzen des Urheberrechtsgesetzes ist ohne Zustimmung des Verlages unzulässig und strafbar. Dies gilt insbesondere für Vervielfältigungen, Übersetzungen, Mikroverfilmungen und die Einspeicherung und Bearbeitung in elektronischen Systemen.

Die Wiedergabe von Gebrauchsnamen, Handelsnamen, Warenbezeichnungen usw. in diesem Werk berechtigt auch ohne besondere Kennzeichnung nicht zu der Annahme, dass solche Namen im Sinne der Warenzeichen- und Markenschutz-Gesetzgebung als frei zu betrachten wären und daher von jedermann benutzt werden dürften.

Die Informationen in diesem Werk wurden mit Sorgfalt erarbeitet. Dennoch können Fehler nicht vollständig ausgeschlossen werden und die Diplomica Verlag GmbH, die Autoren oder Übersetzer übernehmen keine juristische Verantwortung oder irgendeine Haftung für evtl. verbliebene fehlerhafte Angaben und deren Folgen.

Alle Rechte vorbehalten

© Diplomica Verlag GmbH
Hermannstal 119k, 22119 Hamburg
http://www.diplomica-verlag.de, Hamburg 2013
Printed in Germany

Inhaltsverzeichnis

Abbildungsverzeichnis 2
Tabellenverzeichnis 3
1   Einleitung 5
2   Volkswirtschaftliche Rahmenbedingungen 7
   2.1   Die Drei-Sektoren-Theorie 7
      2.1.1   Primärer Sektor 7
      2.1.2   Sekundärer Sektor 8
      2.1.3   Tertiärer Sektor 8
      2.1.4   Quartärer und quintärer Sektor 9
   2.2   Veränderungen am Arbeitsmarkt 9
      2.2.1   Prüfung der Drei-Sektoren-Theorie 9
      2.2.2   Einfluss von Verlagerungsaktivitäten 10
      2.2.3   Demografische Entwicklung 12
   2.3   Entwicklung der Wertschöpfung 16
   2.4   Die Kostendifferenz zum Ausland 18
      2.4.1   Produktionsfaktor Arbeit 18
      2.4.2   Transportkosten und Logistik 19
      2.4.3   Zugang zu Rohstoffen 23
      2.4.4   Umweltaspekte 24
   2.5   Die China-AG 26
      2.5.1   Historische Entwicklung 26
      2.5.2   Das politische System Chinas 27
      2.5.3   Wirtschaftliche Entwicklung 27
      2.5.4   Expansion im Ausland 29
3   Bedeutung der Arbeit in der Kultur 31
   3.1   Entstehung der Arbeitsteilung 31
   3.2   Philosophische Hintergründe 32
      3.2.1   Der westliche Kulturkreis 33
      3.2.2   Der asiatische Kulturkreis 34
   3.3   Das Lernen in der Kultur 35
   3.4   Qualitätsverständnis im Unternehmen 36
4   Methoden in der Produktgestaltung 36
   4.1   Das japanische Keiretsu-System 38
   4.2   Traditionelle Kostenplanung 39
   4.3   Total Quality Management 42
   4.4   Kanban 42
   4.5   Kaizen 43
   4.6   Poka Yoke 44
   4.7   Wertanalyse 45
   4.8   Target Costing 46
   4.9   Kano Modell 48
   4.10   Benchmarking 49
   4.11   Quality Function Deployment (QFD) 49
   4.12   Six Sigma 51
5   Integrationsansatz in der Praxis 56
   5.1   Das Qualitätsmanagementsystem ISO 9000ff 56
   5.2   Anpassung an die wirtschaftlichen Veränderungen 62
   5.3   Kostenplanung ergänzend zum QMS 63
      5.3.1   Unternehmensinterne Kostenoptimierung 64
      5.3.2   Zusammenarbeit mit Lieferanten 64
      5.3.3   Die Optimierung der Wertschöpfungskette 66
6   Fazit und Ausblick 67
Quellenverzeichnis 68
Gesetze und Rechtsverordnungen 75

Abbildungsverzeichnis

Abb. 2.1: Bruttoinlandsprodukt nach Wirtschaftssektoren 7
Abb. 2.2: Sektorale Verteilung der Beschäftigung 10
Abb. 2.3: Abhängigkeit der Arbeitsplätze 11
Abb. 2.4: Verlagerung nach Branchen in Deutschland 11
Abb. 2.5: Zahl freier IT-Jobs in der Gesamtwirtschaft 12
Abb. 2.6: Altersaufbau der Bevölkerung in Deutschland 13
Abb. 2.7: Altersspezifische Erwerbstätigenquote 13
Abb. 2.8: Bevölkerungspyramide in Schwellenländern 14
Abb. 2.9: Beziehung zwischen Einkommens- und Produktivitätsentwicklung 14
Abb. 2.10: Unterschiedliche Leistungsfähigkeit im Alter 15
Abb. 2.11: Absinken der Wertschöpfungstiefe 17
Abb. 2.12: Bruttowertschöpfung der Welt nach Wirtschaftssektoren 17
Abb. 2.13: Lohnkostendifferenz zum Ausland 18
Abb. 2.14: Entwicklung des seewärtigen Welthandelsvolumens 19
Abb. 2.15: Anteile der Verkehrsträger im Güterverkehr in der EU 2004 21
Abb. 2.16: Vereinfachte Wertschöpfungskette in der Automobilindustrie 23
Abb. 2.17: Integrierte Produktpolitik der EU 25
Abb. 2.18: BIP pro Kopf 2003-2013 28
Abb. 2.19: Entwicklung chinesischer Exporte und Währungsreserven 28
Abb. 2.20: Wechselkursschwankungen 2002-2012 29
Abb. 2.21: Chinesische Direktinvestitionen 1990-2008 30
Abb. 2.22: Sektorale Verteilung chinesischer Direktinvestitionen 30
Abb. 3.1: Bedürfnishierarchie nach Maslow 34
Abb. 4.1: Wertschöpfungspyramide in der Automobilindustrie 37
Abb. 4.2: Elemente des Toyota Produktionssystems 38
Abb. 4.3: Preisgestaltungsinstrumente in der Automobilzulieferindustrie 39
Abb. 4.4: vom Listenpreis zu den Selbstkosten 40
Abb. 4.5: Kostenrechnung im Unternehmen 40
Abb. 4.6: Der PDCA Zyklus des KVP 43
Abb. 4.7: Poka Yoke Beispiel zur eindeutigen Ausrichtung einer Abdeckung 44
Abb. 4.8: Gliederungskriterien von Funktionen 45
Abb. 4.9: Funktionskostenmatrix 47
Abb. 4.10: Zielkostenkontrolldiagramm 47
Abb. 4.11: Kano-Modell 48
Abb. 4.12: House of Quality Kaskade mit Qualitätstableaus 51
Abb. 4.13: System mit Variation 52
Abb. 4.14: Standardabweichung mit Mittelwertverschiebung bei Six Sigma 52
Abb. 4.15: Zusammenhang zwischen Komplexität und Prozessausbeute 53
Abb. 4.16: Phasen und Inhalte des DMAIC Zyklus 54
Abb. 4.17: Six Sigma und QFD in Verbindung anderer Methoden 55
Abb. 5.1: erweitertes, prozessbasiertes QMS-Modell der ISO 9004 57
Abb. 5.2: Schema der Dokumentation in einem QMS 59
Abb. 5.3: Zulieferintegration beim Target Costing 65

Tabellenverzeichnis

Tabelle 2.1: Hauptergebnisse der Leistungs- und Strukturstatistik 16
Tabelle 2.2: Anteil des jeweiligen Warentyps am EU Außenhandel 2005 20
Tabelle 2.3: Außenhandel der EU 2004 nach Verkehrsträger 21
Tabelle 5.1: Top 10 Staaten nach ISO 9001 Zertifikaten 61
Tabelle 5.2: Top 10 Staaten nach Wachstum an ISO 9001 Zertifikaten 61

1 Einleitung

Der Wettbewerbsdruck nimmt durch die immer stärkere Globalisierung auf die Unternehmen zu. Während Mitte des vorigen Jahrhunderts die europäischen Unternehmen noch die Preise bestimmen konnten, weil die Nachfrage nach Gütern noch größer war als die Produktion, wandelte sich der Markt in den siebziger und achtziger Jahren zunehmend zum Käufermarkt. Das führte dazu, dass immer mehr auf die Kosten der Leistungserstellung geachtet werden musste.

Unternehmen in Japan haben dies schon in den sechziger Jahren erkannt und Methoden entwickelt, um bereits in der Produktentstehung die Kosten zu beeinflussen und unter definierten Randbedingungen Eigenschaften und Qualität an die Kundenwünsche anzupassen. Durch die erarbeiteten Kostenvorteile konnten japanische Anbieter trotz der Nachteile durch Zölle und Transport ihre Produkte am europäischen und amerikanischen Markt zu wettbewerbsfähigen Preisen anbieten. Neben der nachlassenden Nachfrage und dem zunehmenden Wettbewerb unter lokalen Anbietern hat dies die Marktsituation nochmals verschärft. Zuerst waren es japanische Unternehmen, hauptsächlich in der Automobilbranche, die trotz ähnlicher Lohnkosten durch ihre Methoden zur Kostensenkung deutlich günstiger anbieten konnten. Heute betrifft es die meisten Bereiche der Massenfertigung, hauptsächlich elektronische Geräte, Kunststofferzeugnisse und Textilien, die zu günstigeren Konditionen in Südostasien produziert werden.

Zu den einzelnen Methoden existiert viel an fachspezifischer Literatur, die jeweils die behandelte Arbeitsweise als ultimative Lösung von Kosten- und Qualitätsfragen anpreist. Man muss jedoch je nach Situation untersuchen, ob sich eine Vorgehensweise für das Vorhaben eignet, oder ob eine Kombination aus mehreren Methoden nicht zielführender wäre. Vielfach wird in der Literatur nicht berücksichtigt, dass sich Modelle aus Japan nicht ohne Modifikation auf westliche Unternehmen übertragen lassen. Zu unterschiedlich sind Organisationsstrukturen und vor allem die kulturellen Voraussetzungen aus der Geschichte zwischen Asien und Europa bzw. Nordamerika. Zudem sind die Methoden großteils in den Jahren nach dem zweiten Weltkrieg, getrieben durch Ressourcenknappheit, in Großunternehmen der Automobilindustrie entstanden, womit sich Methoden auch nicht unbedingt für kleine und mittlere Unternehmen beliebiger Branchen in heutiger Zeit eignen müssen.

In den letzten zehn Jahren spielt im produzierenden Bereich der „China Faktor" die größte Rolle, die Verlagerung der manuellen Produktionstätigkeiten zu Gunsten von geringeren Faktorpreisen scheint für westliche, aber auch für japanische Unternehmen der große Wettbewerbsvorteil zu sein. Man darf jedoch China keineswegs als rückständiges Entwicklungsland sehen, welches auf lange Sicht sein vergleichsweise niedriges Lohnniveau halten wird. Viel mehr entwickelt sich die Wirtschaft mit ihren Sektoren ähnlich wie jene in Europa nach dem zweiten Weltkrieg, getrieben durch die konsequente Wachstumspolitik der Regierung weitaus schneller. Nicht nur dadurch, sondern auch durch viele volkswirtschaftliche Rahmenbedingungen ist abzusehen, dass ein Teil der Produktion wieder nach Europa zurückkehren wird, zum Teil unterstützt auch die Expansion asiatischer Unternehmen die Entwicklung im Westen.

In dieser Studie werden zunächst die volkswirtschaftlichen Entwicklungen und Trends betrachtet, um zu beleuchten, in welchem Umfeld sich Unternehmen in Europa heute befinden und mit welchen Trends in Zukunft zu rechnen ist. Im folgenden Kapitel wird die geschichtliche Entstehung der über Jahrhunderte gewachsenen gesellschaftlichen und kulturellen Strukturen in Europa und Asien betrachtet, die die Organisationsformen der Gegenwart geprägt haben. Darauf aufbauend wird die Entwicklung der heute gebräuchlichen Managementansätze behandelt, die in der Zeit nach dem zweiten Weltkrieg entstanden sind und den Inhalt der gegenwärtigen wirtschaftswissenschaftlichen Literatur hinsichtlich der Produktionsprozesse in Unternehmen widerspiegelt. Im Praxisteil wird untersucht, wie sich diese Managementansätze unter Berücksichtigung zukünftiger Trends und der kulturellen Gegebenheiten in mitteleuropäischen Produktionsunternehmen umsetzen lassen.

Die wirtschaftliche Entwicklung wird anhand statistischer Daten aus Österreich erläutert und mit Studien aus Deutschland ergänzt. Dabei wird angenommen, dass die Daten von Österreich und Deutschland aufgrund der engen wirtschaftlichen Verflechtungen und ähnlicher Entwicklung seit dem zweiten Weltkrieg vergleichbar sind.

2 Volkswirtschaftliche Rahmenbedingungen

2.1 Die Drei-Sektoren-Theorie

Gemäß der Drei-Sektoren-Theorie nach A. G. B. Fisher, C. Clark und J. Fourastié lässt sich die gesamte Produktion der Volkswirtschaft in den primären, sekundären und tertiären Sektor unterteilen (vgl. Pohl 1970: 313). Der Schwerpunkt der wirtschaftlichen Tätigkeit einer Volkswirtschaft verlagert sich vom primären Sektor (Rohstoffgewinnung) über den sekundären Sektor (Rohstoffverarbeitung) zum tertiären Sektor (Dienstleistung) als dominierendem Erwerbsanteil am Gesamteinkommen (vgl. Burr u.a. 2006: 35, s. Abb. 2.1). Die Theorie erwartet (Anmerkung: 1954), dass bei anhaltender Produktivitätssteigerung in der industriellen Fertigung in Zukunft vier Fünftel der Wirtschaftsleistung durch Dienstleistungen erwirtschaftet werden (vgl. Wolff 1990: 63).

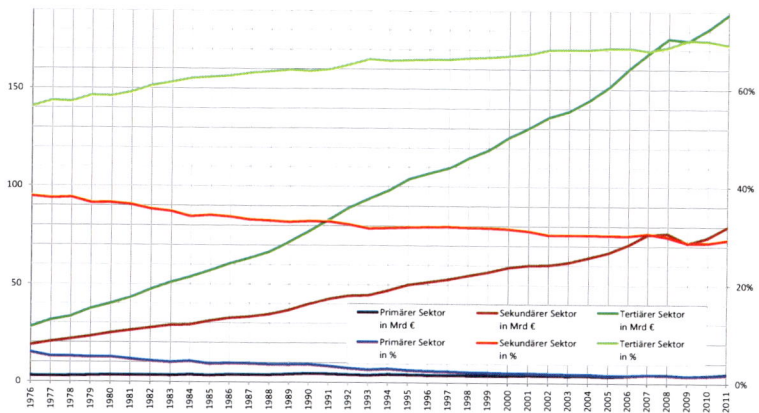

Abb. 2.1: Bruttoinlandsprodukt nach Wirtschaftssektoren
Quelle: eigene Grafik nach Daten der Statistik Austria, URL:
http://www.statistik.at/web_de/statistiken/volkswirtschaftliche_gesamtrechnungen/
bruttoinlandsprodukt_und_hauptaggregate/jahresdaten/019715.html [Stand: 13.07.2012]

2.1.1 Primärer Sektor

Charakterisiert wird der primäre Sektor (Land- und Forstwirtschaft) durch die Herstellung lebensnotwendiger Güter mit mittelmäßigem technischen Fortschritt und Dominanz des Faktors Boden in der Produktion. In Volkswirtschaften mit einem Pro-Kopf-Einkommen nahe dem Existenzminimum ist die Bevölkerung zum Großteil in diesem Sektor tätig (vgl. Pohl 1970: 614) und produziert für den Eigenbedarf. Bei steigendem Einkommen werden zwar höherwertige Nahrungsmittel nachgefragt, jedoch ist eine Steigerung der Produktion nur eingeschränkt möglich und durch die „Kapazität des menschlichen Magens" begrenzt (vgl. Pohl 1970:322). Eine Steigerung der Produktivität ist durch Einsatz des Faktors Kapital und Spezialisierung in der Produktion möglich, was jedoch zu einer weit über die Nachfrage hinausgehenden Produktion führen würde (vgl. Pohl 1970: 323). Die Folge ist die Freisetzung des Faktors Arbeit. In klimatisch begünstigten Ländern kann es trotz hohem Entwicklungsstandard einen großen primären Sektor geben, wenn die Möglichkeit zum Export gegeben ist (vgl. Pohl 1970: 321).

2.1.2 Sekundärer Sektor

Im Gegensatz zum primären Sektor werden im sekundären Sektor (verarbeitendes Gewerbe und Industrie) nicht lebensnotwendige Güter mit starkem technischen Fortschritt und Dominanz des Faktors Kapital hergestellt (vgl. Pohl 1970: 314). Umstritten ist die Klassifizierung der Gewinnung von Bodenschätzen (vgl. Pohl 1970: 315), je nach Faktoreinsatz (Arbeit, Kapital) erfolgt eine Zurechnung zum primären oder sekundären Sektor. Der sekundäre Sektor wird durch den Beginn der wirtschaftlichen Verwertung von Erfindungen ermöglicht, ein hoher technischer Fortschritt erlaubt die laufende Erzeugung neuer Produkte (vgl. Pohl 1970: 323). Eine Steigerung der Produktivität und Substitution des knapp werdenden Faktors Arbeit ist durch den Faktor Kapital möglich (vgl. Pohl 1970: 319). Diese Steigerung erzeugt die Nachfrage nach Kapitalgütern, die für technische Fortschritte in Produktionsverfahren nötig sind, je größer die Möglichkeiten der Kapitalintensivierung sind (vgl. Pohl 1970: 324). Auch in diesem Sektor kommt es zu einer Sättigung. Eine steigende Nachfrage ergibt sich jedoch durch den Ersatzbedarf nach dem Ende der Lebensdauer bzw. auch durch eine geplante Überalterung (s. Wilkens 2012).

2.1.3 Tertiärer Sektor

Ebenso wie im sekundären Sektor entstehen im tertiären Sektor (Dienstleistungen) nicht lebensnotwendige, vornehmlich immaterielle Güter mit geringem technischen Fortschritt und Dominanz des Faktors Arbeit. Die Produktivität wird durch die geistigen Kapazitäten begrenzt (vgl. Pohl 1970: 315). Der tertiäre Sektor wird in einen produktions- und einen einkommensabhängigen Bereich unterteilt. Durch Ausbau der Tauschwirtschaft mit primären und sekundären Produkten werden Dienstleistungen im Bereich Handel, Transport, Verkehr und Nachrichten nachgefragt. Dieser produktionsabhängige Bereich ist in seinem möglichen Wachstum an die anderen Sektoren gekoppelt (vgl. Pohl 1970: 324) und wird nur indirekt durch Einkommenssteigerungen beeinflusst. Im Gegensatz dazu steht der einkommensabhängige Bereich. Steigendes Einkommen und mehr Freizeit führen zu mehr Nachfrage nach Dienstleistungen im Bereich Freizeit, Tourismus, Unterhaltung, sowie häuslichen-

und persönlichen Diensten (vgl. Pohl 1970: 315). Eine Produktivitätssteigerung im einkommensabhängigen tertiären Bereich ist wegen der wenig gleichförmigen Nachfrage (vgl. Pohl 1970: 325), mangelnder Lagerfähigkeit und dem örtlichen Bezug der Leistungserbringung nur schwer möglich (vgl. Pohl 1970: 318). Allerdings werden einzelne Funktionen durch Güter aus dem sekundären Sektor substituiert, z.B. Dienstleistungen durch Haushaltsmaschinen oder Reparaturleistungen durch günstige Neuprodukte (vgl. Pohl 1970: 320). Im produktionsabhängigen Bereich ergibt sich eine Produktivitätssteigerung durch EDV-Einsatz (vgl. Pohl 1970:320f), speziell durch die Entwicklung von Anlagen und Programmen für standardisierte Leistungen (vgl. Pohl 1970: 325). Durch sinkende Wertschöpfung (s. 2.3) und vermehrten EDV-Einsatz im primären und sekundären Sektor entsteht jedoch eine Vielzahl von tertiären Berufen wie z.B. im Bereich Forschung und Entwicklung, Kundenberatung (vgl. Pohl 1970: 315), wie auch distributive Aufgaben im Bereich Ein- und Verkauf, Verwaltung und die Notwendigkeit von ordnenden Funktionen in Organisation und Unternehmensführung (vgl. Wolff 1990: 67).

2.1.4 Quartärer und quintärer Sektor

In der Literatur werden noch zwei weitere Sektoren erwähnt, die jedoch in den Wirtschaftsstatistiken keine Verbreitung gefunden haben.

Im quartären Sektor werden Informationsberufe aus den anderen Sektoren zusammengefasst (vgl. Wolff 1990, 64), im weiteren Sinne auch Dienste im Bereich Handel, Finanzierung, Versicherung, Immobilien, sowie politisch regulierte (staatliche) Dienstleistungen (vgl. Ulrich 1984: 24).

Der Begriff Quintärsektor wird schließlich für Dienste im Bereich Gesundheit, Erholung, Bildung und Forschung verwendet (vgl. Ulrich 1984: 24).

Beide Sektoren werden üblicherweise dem tertiären Sektor zugerechnet.

2.2 Veränderungen am Arbeitsmarkt

2.2.1 Prüfung der Drei-Sektoren-Theorie

Anhand statistischer Daten für Österreich ist zu prüfen, ob die Theorie aus dem Jahr 1954 zum heutigen Stand Gültigkeit hat und welche weitere Entwicklung zu erwarten ist. Abb. 2.1 zeigt die Entwicklung des Bruttoinlandsprodukts seit 1976. Der primäre Sektor ist im betrachteten Zeitraum in absoluten Zahlen praktisch gleich geblieben, der relative Anteil sinkt. Die sekundären und tertiären Sektoren zeigen ein deutliches Wachstum, wobei der relative Anteil im sekundären Sektor sinkt. Wie in der Drei-Sektoren-Theorie beschrieben steigt der tertiäre Sektor zu den anderen Sektoren sowohl absolut wie auch relativ stark an.

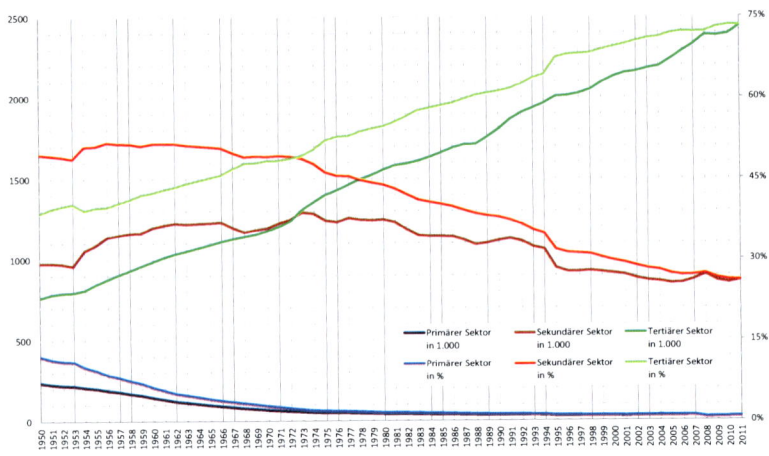

Abb. 2.2: Sektorale Verteilung der Beschäftigung

Quelle: eigene Grafik nach Daten der WKO, URL:
http://wko.at/statistik/Extranet/Langzeit/Lang-Beschaeftigtenstruktur.pdf [Stand: 25.04.2012]

Hinsichtlich der Beschäftigung sinken der primäre und der sekundäre Sektor absolut wie auch relativ, der tertiäre Sektor verzeichnet einen starken Anstieg der Beschäftigung (s. Abb. 2.2). Gemäß der Drei-Sektoren-Theorie ist die Wandlung zur Dienstleistungsgesellschaft in Österreich bereits vollzogen, da die ersten beiden Sektoren bereits seit den sechziger Jahren rückläufig sind.

2.2.2 Einfluss von Verlagerungsaktivitäten

Im primären Sektor wird lokale Produktion zwar durch Importe substituiert, den größten Rückgang der Beschäftigung verzeichnet jedoch mit einem Anteil von 70% der sekundäre Sektor im Bereich der industriellen Produktion (vgl. VBM u.a. 2005: 7). Nach der Drei-Sektoren-Theorie (s. 2.1) verschiebt sich der Beschäftigungsanteil vom sekundären zum tertiären Sektor, die freigesetzten Arbeitskräfte im sekundären Sektor werden durch steigende Nachfrage nach Dienstleistungen im tertiären Sektor aufgenommen (vgl. Pohl 1970: 314).

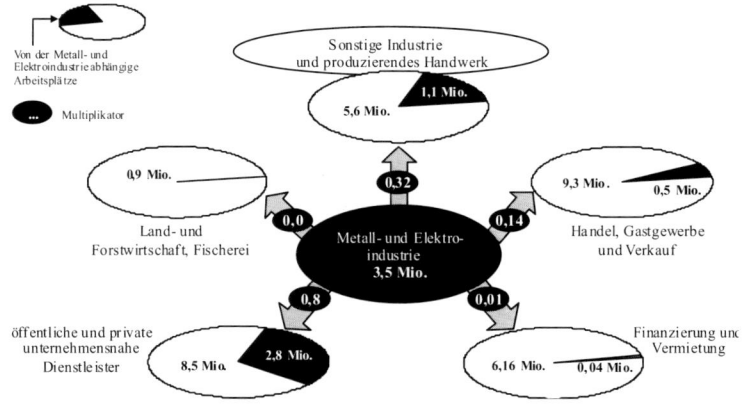

Abb. 2.3: Abhängigkeit der Arbeitsplätze

Quelle: VBM u.a. 2005: 5

Die Verlagerung von Arbeitsplätzen im industriellen Bereich hat neben den direkten Auswirkungen einen großen Einfluss auf die Beschäftigung anderer Bereiche der Wirtschaft (s. Abb. 2.3 für die Situation in Deutschland 2005). Eine Veränderung der Anzahl der insgesamt 3,5 Millionen Arbeitnehmer in der Metall- und Elektroindustrie beeinflusst mehr als 5,3 Millionen Stellen in anderen Wirtschaftszweigen. Auf Österreich umgelegt beeinflussen 266.000 Stellen (s. Statistik Austria 2012) 400.000 Stellen in anderen Industriezweigen.

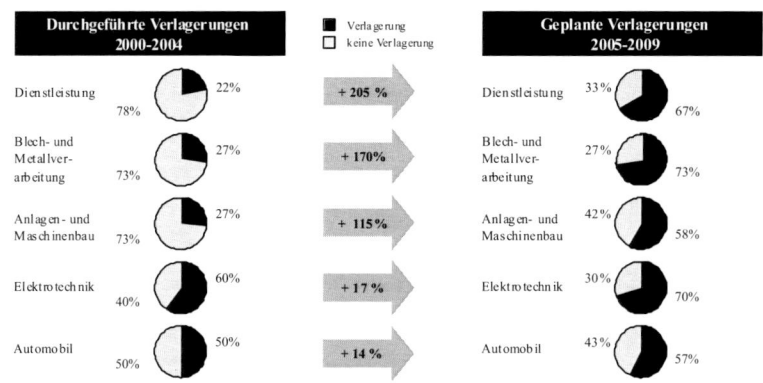

Abb. 2.4: Verlagerung nach Branchen in Deutschland

Quelle: VBM u.a. 2005: 9

Verlagerte Stellen müssen vom Dienstleistungssektor aufgefangen werden, doch sind gerade Dienstleistungen zunehmend ein Ziel von Verlagerungen (s. VBM u.a. 2005: 9. Abb. 2.4). Verlagerungen betreffen in erster Linie produktionsabhängige Dienstleistungen, die einen stark standardisierten Charakter haben, aber auch

Forschungs- und Entwicklungsaktivitäten. Die Motive sind neben Personalkosten vorrangig Kapazitätsengpässe aufgrund mangelnder Verfügbarkeit von qualifiziertem Personal (vgl. Kinkel u.a. 2008: 31). In dieser Hinsicht ist nur der einkommensabhängige tertiäre Sektor in der Lage die freigesetzten Arbeitskräfte aufzufangen, wenn nicht in die Ausbildung der Bevölkerung investiert wird (vgl. VBM u.a. 2005: 14).

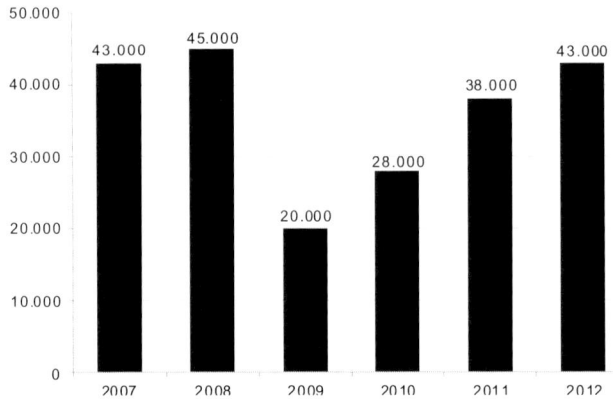

Abb. 2.5: Zahl freier IT-Jobs in der Gesamtwirtschaft

Quelle: Bitkom 2012

In Deutschland fehlen trotz einer Arbeitslosenquote von 6,5% (s. Bundesagentur für Arbeit 2012) aktuell 43.000 IT Fachkräfte (s. Abb. 2.5). Selbst im Krisenjahr 2009 gab es einen Fachkräftemangel. Dem Bedarf steht jedoch nur eine geschätzte Absolventenquote im Studienfach Informatik von 25.000 gegenüber (s. Bitkom 2012). Verlagerungen im IT-Bereich erfolgen zumeist nach Indien, hier gibt es eine gut ausgebildete IT-Elite (vgl. Wildemann 2009b: 2). Durch die hohe Nachfrage an Fachkräften gibt es jedoch eine hohe Fluktuation (vgl. Wildemann 2009b: 5) und stark steigende Löhne (vgl. Wildemann 2009b: 1), was Verlagerungen speziell für kleine und mittelständische Unternehmen unattraktiv macht. Nicht nur im IT-Bereich besteht eine immer größere Nachfrage an gut ausgebildetem Personal, kaum Bedarf besteht jedoch an ungelernten Mitarbeitern (vgl. Kerber 2008: 92), die im sekundären Sektor freigesetzt werden.

2.2.3 Demografische Entwicklung

Die Altersstruktur in Mitteleuropa weicht mittlerweile deutlich von der klassischen Alterspyramide ab (s. Abb. 2.6). Dies gilt analog für Österreich (s. Statistik Austria 2012b). Während 1910 der Bevölkerungsanteil mit steigendem Alter kontinuierlich abnahm besteht der Trend zu einem höheren Durchschnittsalter. Die aktuelle, inhomogene Verteilung ist noch geprägt von den Geburtenrückgängen der beiden Weltkriege und der Wirtschaftskrise von 1930, sowie dem Baby-Boom der NS-Zeit und Mitte der sechziger Jahre. Mitte der siebziger Jahre begann der bis heute anhaltende Geburtenrückgang.

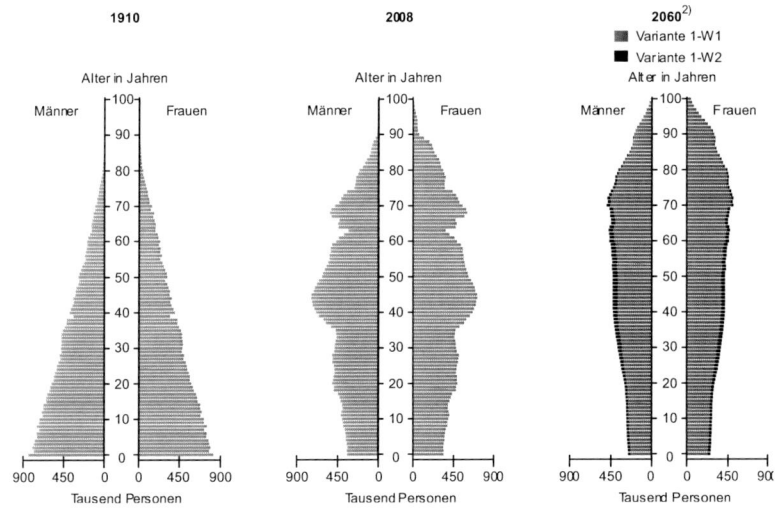

Abb. 2.6: Altersaufbau der Bevölkerung in Deutschland

Quelle: Sachverständigenrat 2011: 28

Vor allem höher qualifizierte Angestellte stellen die Familienplanung gegenüber der Kariere zurück, die Anforderungen am Arbeitsmarkt (s. 2.2.2) werden in Zukunft diesen Trend verstärken. Dies führt in weiterer Folge zu einem Rückgang an potentiellen Müttern (vgl. Sachverständigenrat 2011: 32).

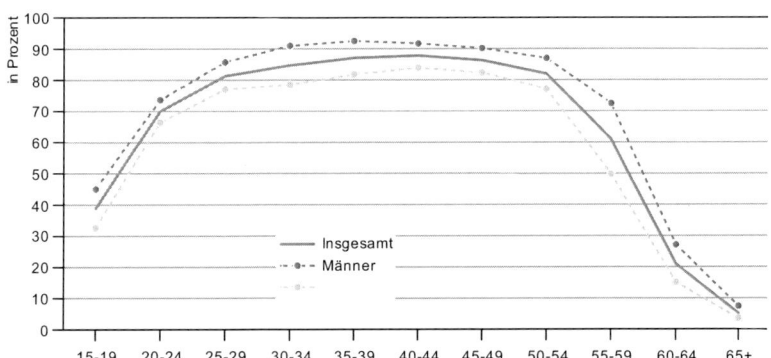

Abb. 2.7: Altersspezifische Erwerbstätigenquote

Quelle: Statistik Austria 2012a: 48

Laut Prognose liegt zukünftig der größte Bevölkerungsanteil bei ca. 70 Jahren, wobei heute weniger als 10% der Bevölkerung über 65 Jahre noch erwerbstätig ist (s. Abb. 2.7). Um das Pensionssystem aufrecht zu erhalten, müssen die Arbeitnehmer länger im Arbeitsprozess gehalten werden (vgl. Androsch 2012).

In Entwicklungs- und Schwellenländern, die primäres Ziel von lohnkostenbedingten Verlagerungsaktivitäten sind (vgl. VBM u.a. 2005: 10) gleicht die Bevölkerungspyramide (s. Abb. 2.8, links) jener von Deutschland aus dem Jahr 1910 (s. Abb. 2.6). Ausnahme ist China, durch die staatliche Geburtenkontrolle (vgl. Pierk 2012) nähert sich die Bevölkerungsentwicklung jener von Mitteleuropa an (s. Abb. 2.8, rechts).

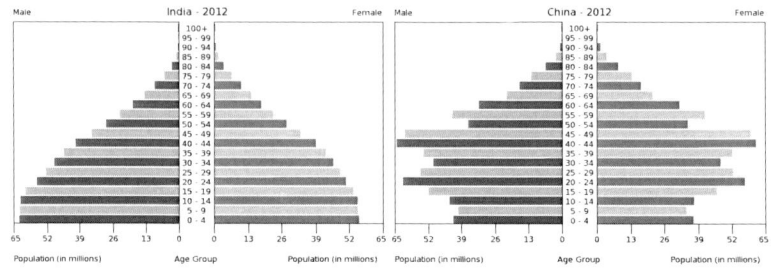

Abb. 2.8: Bevölkerungspyramide in Schwellenländern

Quelle: eigene Auswertung für 2012 aus United States Census Bureau, URL: http://www.census.gov/population/international/data/idb/informationGateway.php

In den Industrieländern wie in Europa, Japan und den USA ist es üblich, dass die Höhe des Einkommens von Bildungsgrad, Alter, Rang und Dauer der Betriebszugehörigkeit abhängig ist (s. Abb. 2.9, vgl. Dirks 1996: 340).

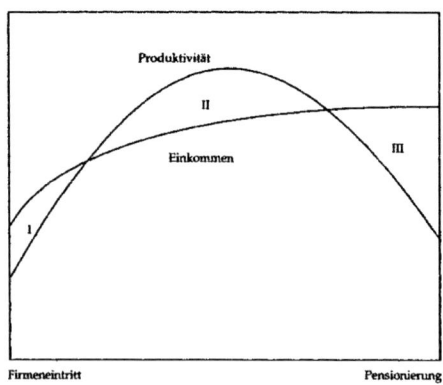

Abb. 2.9: Beziehung zwischen Einkommens- und Produktivitätsentwicklung

Quelle: Dirks 1996: 341

Dies ist in Tarifverträgen (D), Kollektivverträgen (A), sowie im „Collective bargaining" bzw. „Collective agreement" (USA, Kanada) geregelt. Die Produktivität der Mitarbeiter hingegen ist im Durchschnitt beim Berufseintritt am geringsten (Feld I), da das Unternehmen zunächst in die Ausbildung investieren muss (vgl. Dirks 1996: 340), erreicht zur Mitte des Berufslebens ihr Maximum (Feld II) und fällt zum Pensionsantritt hin wieder ab (s. Abb. 2.9, Feld III).

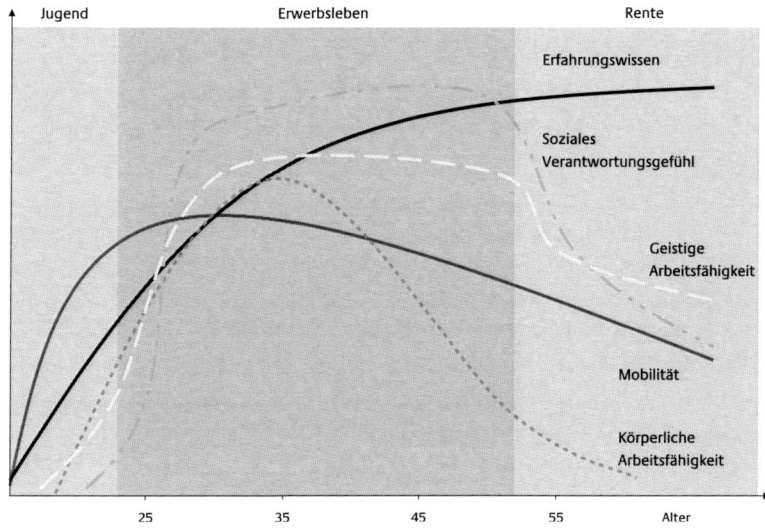

Abb. 2.10: Unterschiedliche Leistungsfähigkeit im Alter

Quelle: prognos 2008: 25

Die Produktivität über das Berufsleben ergibt sich aus der Summe einzelner Faktoren (s. Abb. 2.10). Während die körperliche Arbeitsfähigkeit stark abnimmt, nimmt das Erfahrungswissen mit steigendem Alter zu. Die spezifischen Stärken zeigen sich insbesondere in strategischem Denken, überlegtem Handeln, ganzheitlichem Verständnis, hohem Verantwortungsbewusstsein und differenziertem Sprachgebrauch. Die Herausforderung einer altersgerechten Personalpolitik in den Unternehmen ist, die abnehmende Leistungsfähigkeit zu kompensieren und die spezifischen Kompetenzen der Arbeitnehmer zu nutzen (vgl. prognos2008: 26). Die Kompetenzen können für die komplexen Steuerungs- und Führungsfunktionen, die die Verschiebung von sekundären zu tertiären Aufgaben in den Unternehmen erfordern, hilfreich sein. Speziell im Handel ist die Erfahrung von Vorteil, die Kundenschichten unterliegen dem selben demografischen Wandel, weshalb hier ältere Verkäufer ein Wettbewerbsvorteil sein können (vgl. Staudacher 2012).

2.3 Entwicklung der Wertschöpfung

Europa ist nach wie vor neben Nordamerika und Japan eine der wirtschaftlich stärksten Regionen der Welt. Trotz Verlagerungsaktivitäten in vielen Industriebereichen mit dem Ziel der Senkung der Herstellkosten (s. VBM u.a. 2005: 6) gibt es dennoch lokale Wertschöpfung. Am Beispiel Österreich ist in der Gütereinsatzstatistik (s. Statistik Austria 2011) des produzierenden Bereichs zu sehen, welchen Anteil Zukäufe am Produktionswert (ausgesuchte Bereiche mit einer wirtschaftlichen Gesamtproduktion > 1 Mrd €) haben:

- Energieversorgung: < 1%
- Bauwesen: ca. 16,5%
- Herstellung von Bauelementen, Halbzeug, Maschinen: ca. 45%
- Schienenfahrzeugbau, KFZ Zulieferung: ca. 52%
- Herstellung von KFZ und landwirtschaftlichen Maschinen: ca. 64%

Im Durchschnitt beträgt der Gütereinsatz 36,2% (s. Statistik Austria 2011). Die Aufstellung oben zeigt, dass die Zukaufanteile bei Investitionsgütern besonders hoch sind. Charakteristisch hier sind lange Wertschöpfungsketten und ein geringer Dienstleistungsanteil in der Werterstellung.

Tabelle 2.1: Hauptergebnisse der Leistungs- und Strukturstatistik

Quelle: Statistik Austria 2012

ÖNACE 2008	Kurzbezeichnung	Umsatzerlöse in 1000 EUR*	Produktionswert in 1000 EUR*	Bruttowertschöpfung zu Faktorkosten in 1000 EUR*	Bruttowertschöpfung zu Produktionswert	Bruttowertschöpfung zu Umsatzerlöse
	INSGESAMT (Abschnitte B–N, S95)	635.490.235	404.330.391	169.862.415	42,01%	26,73%
B	Bergbau	2.100.330	2.185.151	1.026.417	46,97%	48,87%
C	H.v. Waren	154.127.400	144.997.968	45.139.538	31,13%	29,29%
D	Energieversorgung	29.297.050	29.455.896	5.216.851	17,71%	17,81%
E	Abfallentsorgung	4.368.838	3.688.460	1.596.457	43,28%	36,54%
F	Bau	40.243.476	38.790.187	13.907.284	35,85%	34,56%
G	Handel	216.845.222	57.275.544	28.694.641	50,10%	13,23%
H	Verkehr	36.299.671	21.290.839	12.964.312	60,89%	35,71%
I	Beherbergung und Gastronomie	14.825.870	14.749.997	7.077.621	47,98%	47,74%
J	Information und Kommunikation	18.190.917	12.980.358	7.734.109	59,58%	42,52%
K	Finanz- und Versicherungsleistungen	61.621.545	33.032.424	18.514.708	56,05%	30,05%
L	Grundstücks- und Wohnungswesen	14.274.440	13.560.877	7.549.794	55,67%	52,89%
M	Freiberufliche Dienstleistungen	24.756.201	19.508.591	11.524.998	59,08%	46,55%
N	Sonst. wirtschaftl. Dienstleistungen	18.195.802	12.553.032	8.778.504	69,93%	48,24%
S	Sonst. Dienstleistungen (ohne 94 u. 96)	343.473	261.067	137.181	52,55%	39,94%

Dem gegenüber steht die Bruttowertschöpfung aus der Leistungs- und Strukturstatistik (s. Statistik Austria 2012), die für das Jahr 2010 rund 42% der Produktionswerte beträgt (s. Tabelle 2.1). Den höchsten Wertschöpfungsanteil haben Dienstleistungen, der in dieser Studie betrachtete Sektor, Herstellung von Waren, nur mehr ca. 30% (s. Tabelle 2.1). Die Vergleichswerte aus dem Jahr 2005 sind 44%

für die Bruttowertschöpfung bezogen auf den Produktionswert bzw. knapp 28% bezogen auf die Umsätze (s. Statistik Austria 2012).

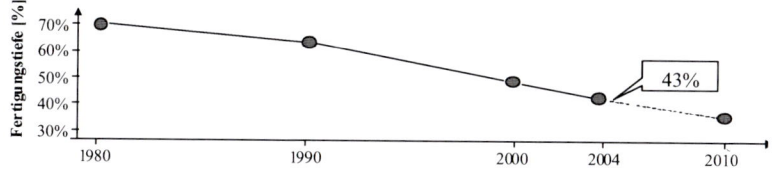

Abb. 2.11: Absinken der Wertschöpfungstiefe

Quelle: VBM u.a. 2005: 8

Die Zahlen sind vergleichbar mit einer deutschen Studie aus 2005 (s. VBM u.a. 2005: 8) und bestätigen den prognostizierten Trend zu sinkenden Wertschöpfungstiefen (s. Abb. 2.11).

Absolut gesehen steigt die Bruttowertschöpfung weltweit stark an (s. Abb. 2.12), am stärksten im Bereich der Finanzdienstleistungen, wo keine materiellen Güter erzeugt werden. Den geringsten Anteil hat der Bereich der Land- und Forstwirtschaft. Dies bestätigt weltweit den Trend zur Tertiarisierung (s. 2.2.1).

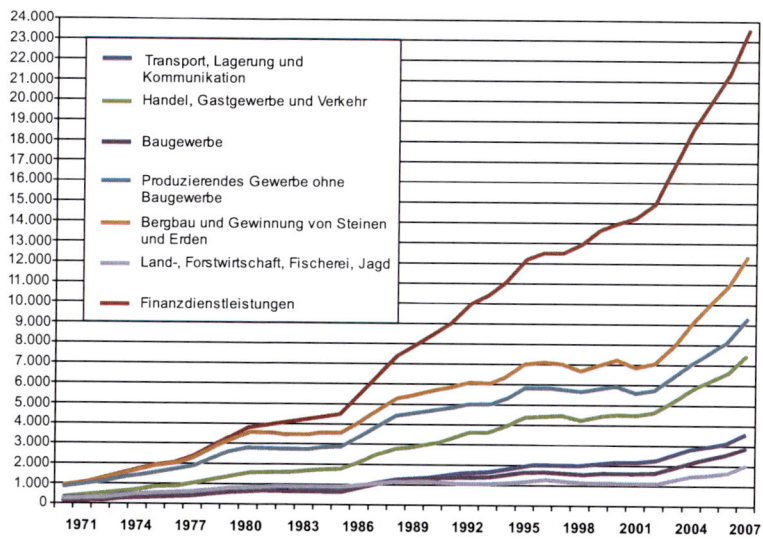

Abb. 2.12: Bruttowertschöpfung der Welt nach Wirtschaftssektoren 1970-2007 in Milliarden USD

Quelle: Eigene Bearbeitung von: URL:
http://de.wikipedia.org/w/index.php?title=Datei:BWS_Welt.svg&oldid=94379916
[Stand: 04.10.2011] nach Daten der United Nations Database.

Der Trend erfordert von den Unternehmen und seinen Mitarbeitern ein Durchdenken der Wertschöpfungsketten, um im globalen Wettbewerb eine optimale Arbeitsteilung zu erreichen (vgl. Wildemann 2002: 2). Durch die Beschränkung auf die Kernkompetenzen (vgl. Wildemann 2005: 531) ist die richtige Fertigungstiefe zu bestimmen (vgl. Wildemann 2005: 532), um zusammen mit dem Eigenfertigungsanteil die günstigste Kombination zu finden.

2.4 Die Kostendifferenz zum Ausland

Die Produktion in mitteleuropäischen Unternehmen unterliegt einigen Wettbewerbsnachteilen gegenüber Anbietern aus dem, in erster Linie östlichen, Ausland. In Nordamerika und Japan zeigt sich eine ähnliche Entwicklung. Anbieter aus Osteuropa und Asien können vor allem durch Kostenvorteile aufgrund geringerer Faktorkosten punkten.

2.4.1 Produktionsfaktor Arbeit

Betrachtet man die Stundenlöhne, beispielsweise für die Produktion elektronischer Geräte, so ergibt sich ein Kostengefälle von West nach Ost. Während in Westeuropa der durchschnittliche Stundensatz bei 40,25 USD liegt, sinkt dieser in Osteuropa auf 8,04 USD und auf nur 2,11 USD in der Volksrepublik China (s. Anzenberger 2012).

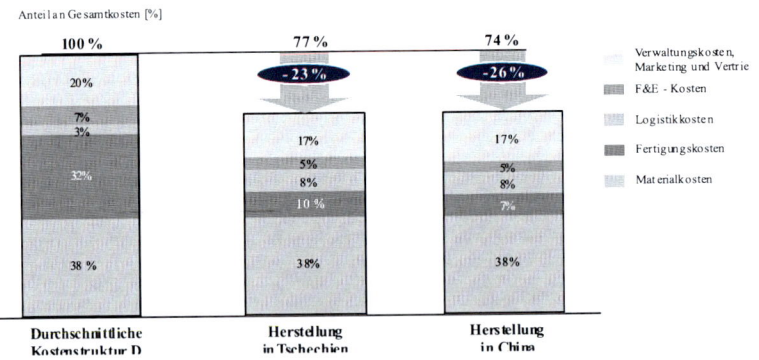

Abb. 2.13: Lohnkostendifferenz zum Ausland

Quelle: VBM u.a. 2005: 12

Die Reduzierung der Kosten für den Produktionsfaktor Arbeit wäre anhand der Zahlen ein wesentlicher Hebel zur Kostenreduzierung (s. Wildemann 2005: 526). Betrachtet man die ganze Wertschöpfungskette (s. Abb. 2.13), so wird im Durchschnitt der größte Anteil von den Materialkosten bestimmt. Den geringeren Lohnkosten in der Fertigung, den finanzielle Aufwänden für Forschung und Entwicklung, sowie den Verwaltungskosten, stehen Mehraufwände in der Logistik gegenüber. Die demografische Entwicklung wirkt sich nachteilig sowohl auf die Entwicklung der Lohnkosten als auch auf die Produktivität in Mitteleuropa aus. China entwickelt sich allerdings ebenso in diese Richtung (s. 2.2.3). Die Differenz kann nur durch Optimierungen der Kosten und Steigerungen der Leistungen ausgeglichen werden. Möglich ist dies unter anderem durch Erhöhung der Produktivität, Reduzierung der Materialkosten durch intelligentes Produktdesign, Verbesserung der Qualität, sowie lohnkostenseitig durch moderatere Lohnabschlüsse und flexibilisierte Arbeitszeiten (vgl. VBM u.a. 2005: 12).

2.4.2 Transportkosten und Logistik

Waren müssen entlang der Wertschöpfungskette vom Produzenten zum Abnehmer transportiert werden. Durch die zunehmende Globalisierung und weltweite Steigerung des BIP hat sich das Welthandelsvolumen in 20 Jahren mehr als verdoppelt (s. Abb. 2.14). Der Beitritt der Volksrepublik China zur WTO 2001 hat den Trend nochmals verstärkt (vgl. Koller u.a. 2006: 8).

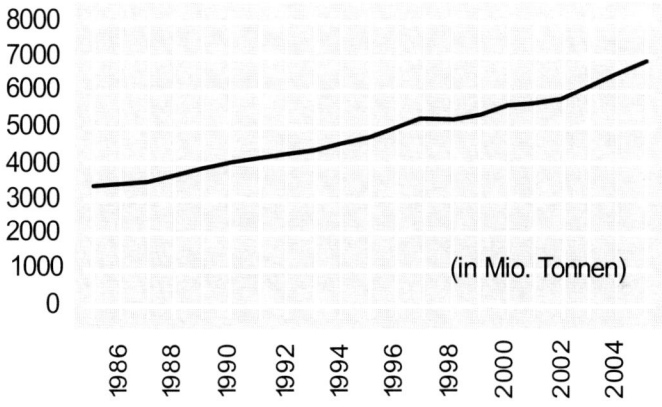

Abb. 2.14: Entwicklung des seewärtigen Welthandelsvolumens

Quelle: Großmann u.a. 2006: 23

Der Warentransport zählt zum produktionsabhängigen Dienstleistungssektor (s. 2.1.3). Je nach Land entstehen bis zu 10% des BIP entlang der Logistikkette (vgl. Koller u.a. 2006: 13). Der Transportkostenanteil am Welthandel beträgt mittlerweile rund 6% (vgl. Großmann u.a. 2006: 21) und stellt ein größeres Hemmnis als Zölle im internationalen Handel dar (vgl. Großmann u.a. 2006: 20).

Dies beginnt schon bei den wichtigsten Rohstoffen (Eisenerz, Kohle, Getreide, Bauxit, Rohöl), deren Hauptexportländer (Australien, Brasilien, Südafrika, arabische

Länder) weit von den Verbrauchern entfernt liegen. Ein wirtschaftlicher Transport ist hier nur via Schiff möglich (vgl. Koller u.a. 2006: 36). Da Rohstoffe generell niedrigpreisige Güter sind, haben die Seefrachtkosten schon einen hohen Anteil am Lieferpreis (vgl. Koller u.a. 2006: 37), was bei steigender Entfernung einen Wettbewerbsnachteil bedeutet. Schätzungen zufolge steigen bei Verdoppelung der Entfernung die Transportkosten um bis zu 30% (vgl. Großmann u.a. 2006: 21). Der Anteil von Rohstoffen am weltweiten Frachtvolumen beträgt 77% (s. Koller u.a.: 31).

Tabelle 2.2: Anteil des jeweiligen Warentyps am EU Außenhandel 2005

Quelle: Großmann u.a. 206: 29

NST/R Kapitel	Volumen in Tonnen		Wert in Euro	
	Einfuhr	Ausfuhr	Einfuhr	Ausfuhr
0 Land- und forstwirtschaftliche Erzeugnisse, lebende Tiere	3,2	7,6	3,7	1,8
1 Andere Nahrungsmittel und Futtermittel	6,2	7,7	7,2	7,0
2 Feste mineralische Brennstoffe	15,1	0,6	2,1	0,1
3 Mineralölerzeugnisse	46,6	30,8	30,4	7,5
4 Erze und Metallabfälle	11,8	5,9	2,7	1,2
5 Eisen, Stahl und NE-Metalle (einschl. Halbzeug)	2,8	6,9	4,8	5,7
6 Steine und Erden und Baustoffe	4,5	8,7	0,9	1,4
7 Düngemittel	1,2	2,1	0,3	0,3
8 Chemische Erzeugnisse	3,0	11,2	6,4	13,2
9 Fahrzeuge, Maschinen, sonstige Halb- und Fertigwaren sowie besondere Transportgüter	5,5	18,5	41,5	61,9

Auch in die EU werden an Volumenanteilen überwiegend Rohstoffe eingeführt (s. Tabelle 2.2), wertmäßig haben allerdings Importe von verarbeiteten Waren den höchsten Anteil. Der Import in die EU erfolgt überwiegend per Schiff (s. Tabelle 2.3), wertmäßig nimmt der Import per Luftfracht den zweiten Rang ein. Weltweit werden ca. 40% des wertmäßigen Güterhandels per Luftfracht abgewickelt, wobei das Frachtvolumen nur knapp 1% ausmacht (vgl. Koller u.a. 2006: 54). Der Anteil des Straßentransports an den Importen in die EU kommt in erster Linie aus nicht EU Staaten innerhalb Europas zustande. Der Güterverkehr innerhalb der EU erfolgt zum überwiegenden Teil auf der Straße (s. Abb. 2.15). Die Gründe liegen in der Flexibilität und Schnelligkeit, zudem sind Tür- zu Tür Dienstleistungen nur über die Straße zu realisieren (vgl. Koller u.a. 2006: 52f), außerdem erfolgt die Anbindung der großen Überseehäfen neben der Schiene vorwiegend über die Straße (vgl. Koller u.a.: 10).

Tabelle 2.3: Außenhandel der EU 2004 nach Verkehrsträger

Quelle: Großmann u.a. 2006: 27

Extra EU-Handel	Wert in Mrd. Euro	Anteil in %	Volumen in Mio. Tonnen	Anteil in %
See	859,1	47,1%	1.430,0	71,7%
Straße	259,7	14,2%	100,8	5,1%
Schiene	25,1	1,4%	89,3	4,5%
Binnenschiff	6,5	0,4%	24,9	1,3%
Pipeline	53,4	2,9%	279,1	14,0%
Luft	473,7	26,0%	9,8	0,5%
Rest	145,4	8,0%	59,7	3,0%
Total	1.822,9	100,0%	1.993,6	100,0%

Die gute Infrastruktur in Europa ist einer der wesentlichen Standortvorteile (vgl. Koller u.a. 2006: 21). Die Binnenschifffahrt spielt trotz großer Vorteile an Kosten und Umweltbelastung nur eine untergeordnete Rolle. Die Nachteile hier sind vor allem die langen Transportzeiten und die Abhängigkeit von der Natur auf den innereuropäischen Flüssen (vgl. Koller u.a. 2006: 52).

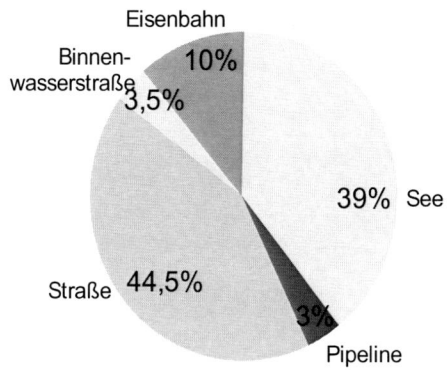

Abb. 2.15: Anteile der Verkehrsträger im Güterverkehr in der EU 2004

Quelle: Koller u.a. 2006: 51

Der Schienenverkehr hat in Europa wegen Interoperabilitätsproblemen und Verzögerungen bei der Grenzabfertigung einen geringen Anteil am Frachtverkehr. Unterschiede in den Stromsystemen, Achsmaßen, Spurbreiten, Signal- und Steuerungsanlagen und die schlechte internationale Vernetzung der IT bedingen häufige Wechsel der Lokomotiven und des Personals. Damit liegt die Durchschnittsgeschwindigkeit des internationalen Güterverkehrs nur unwesentlich über jener der Binnenschifffahrt (vgl. Koller u.a. 2006: 53).

In der Volksrepublik China werden zum Vergleich 73% des Transportaufkommens über die Straße abgewickelt, 15% auf der Schiene und 12%, vorwiegend über große Distanzen, über Wasserwege (vgl. Koller u.a. 2006: 18). China hat im Vergleich zu den USA bei annähernd gleicher Fläche nur ein Drittel des Schienennetzes und ein Viertel des Straßennetzes, das zudem nur zu 25% befestigt ist (vgl. Koller u.a. 2006: 74).

Verarbeitete Güter werden mittels Container- und Spezialschiffen transportiert, deren Anteil an den weltweiten Flotten beträgt rund 23%. Containerschiffe transportieren rund 50% des Warenwertes (vgl. Koller u.a. 2006: 31). Der Schiffstransport unterliegt mittlerweile etlichen Einschränkungen und Kostennachteilen. Eine Verdoppelung der Transportkapazität eines Schiffes führt nur zu rund 16% geringeren Transportkosten (vgl. Koller u.a. 2006: 33). Die Schiffsgröße wird u.a. von der Breite der wichtigen Verbindungskanäle (vgl. Schieck 2008: 200f) limitiert, längere Liegezeiten durch Engpässe im Hafen und der Zeitbedarf zum Abladen verursachen Mehrkosten von bis zu 500 Dollar je Container (vgl. Koller u.a. 2006: 11f, 33f). Der Zeitverlust muss durch eine höhere Geschwindigkeit kompensiert werden, wobei eine Beschleunigung um 25% eine 50% höhere Antriebsleistung erfordert (vgl. Koller u.a. 2006: 34).

Die Konsequenzen daraus sieht man bei Gütern, die im Verhältnis zum Volumen bzw. Gewicht einen geringen Kostenwert aufweisen. Im Mediamarkt-Onlineshop findet man im Bereich Weißwaren (Kühl- und Gefriergeräte, Waschmaschinen) vorwiegend Produkte europäischer Markenhersteller, vom weltweit größten, chinesischen Hersteller von Weißwaren, Haier (vgl. Sandner u.a. 2012), ist kein einziges Gerät zu finden. Hersteller im Niedrigpreissegment haben wegen der Transportkosten ihre Produktion wieder nach Europa verlagert, so hat Indensit das Werk in China geschlossen und eines in Polen eröffnet und erweitert (vgl. Elektro Journal 2009). Weiters hat auch Samsung ein Werk in Polen gekauft, um dort Kühlschränke und Waschmaschinen für den europäischen Markt zu produzieren. Unterstützt wird dieser Standort durch eine neu gegründete R&D-Abteilung in Stuttgart (vgl. Elektro Journal 2010). Haier verfolgt eine ähnliche Strategie, durch die Übernahme von Meneghetti in Italien, wurden Produktionskapazitäten in Europa erschlossen (vgl. Sandner u.a. 2012: 20). Auch asiatische Fahrzeughersteller verfügen über Werke bzw. Beteiligungen in Europa. TPCA, ein Joint-Venture der PSA und Toyota fertigt jährlich 100.000 Einheiten des Kleinwagens Toyota Aygo in Tschechien (vgl. TPCA 2012), die Modelle Auris und Avensis werden seit über dreißig Jahren in Großbritannien gebaut (vgl. Toyota 2012). Hyundai betreibt ein Werk in der Türkei mit einer Fertigungskapazität von 200.000 Fahrzeugen im Jahr (vgl. Hyundai 2012), bis zu

110.000 davon sollen auf den Kleinwagen i20 entfallen (vgl. Freiling 2012).

Ein weiterer Kostenvorteil der Produktion in Europa ergibt sich durch die zu entrichtenden Einfuhrzölle, die durch den freien Warenverkehr entfallen. Für die Einfuhr von Personenkraftwagen aus Asien in die EU sind 10% des Warenwertes an Zoll zu entrichten (s. TARIC 2012, 87032319), für die oben erwähnten Weiß-waren hingegen nur 1,9% bis 2,7% (s. TARIC 2012, 8418102090, 84501900).

Apple z.B. hat 100 Mio. Dollar investiert, um künftig größere iMacs wieder in den USA produzieren zu lassen. Der Auftragsfertiger Foxconn hat dafür die Produktionskapazitäten in den USA ausgebaut (vgl. Becker 2012).

2.4.3 Zugang zu Rohstoffen

Am Anfang der Wertschöpfungskette steht der Abbau von Rohstoffen (s. Abb. 2.16). Für die Weiterverarbeitung im sekundären Sektor werden vorwiegend Metalle, fossile Rohstoffe und für die Hochtechnologie seltene Erden benötigt. Lange Transportwege von rohstofffördernden Ländern stellen für rohstoffnahe Produktionsbetriebe in Europa einen großen Wettbewerbsnachteil gegenüber Wachstumsregionen mit regionaler Nähe zu Rohstoffquellen dar (vgl. Wildemann 2002: 5). BYD, der weltweit größte Batterie- und Akkuhersteller (vgl. Sandner u.a. 2012: 39), kann z.B. neben den günstigen Produktionskosten vor allem wegen hoher Lithium-Vorkommen in China seine Produkte um bis zu 40% unter dem Preis japanischer Konkurrenten anbieten (vgl. Sandner u.a. 2012: 40).

Rohstoff-abbau	Rohstoff-verarbeitung	Produktion			Endmontage
Bergbau	Verhüttung, Raffinierung, Walzen, Legierung etc.	Einzelteil, z.B. Bremsscheibe etwa 1000 Firmen (Verarbeitung)	Komponente, z. B. Bremse etwa 150 Firmen (Verarbeitung und Montage)	System, z. B. ABS etwa 30 Firmen (Verarbeitung und Montage)	BMW, Daimler, VW (Verarbeitung und Endmontage)

Abb. 2.16: Vereinfachte Wertschöpfungskette in der Automobilindustrie
Quelle: Kerkow u.a. 2012: 36

Bis Mitte der siebziger Jahre wurde Eisen z.B. noch im Untertagebau in Österreich gewonnen. Da Erz aus ausländischer Gewinnung mit höherem Eisengehalt zu niedrigeren Preisen angeboten wurde, führte dies zur Schließung des Abbaus (vgl. Brodda u.a. 2009: 318). Neben dem internationalen Preisverfall war die unwirtschaftliche Führung der verstaatlichten Betriebe ein ausschlaggebender Faktor (vgl. Brodda u.a. 2009: 314). Heute muss Österreich 84% der mineralischen Rohstoffe importieren (vgl. Eschenbacher 2012). Aktuell werden rund 46% der weltweiten Stahlproduktion in China durchgeführt, in der EU nur mehr rund 12% (s. worldsteel 2011). Durch das rasant wachsende Produktionsvolumen in China werden die Rohstoffe am Weltmarkt zunehmend knapper. Die chinesische Industrie kauft 10% der weltweiten Erdölförderung, 25% des Aluminiums, jeweils ein Drittel der Kohle- und Stahlproduktion und die Hälfte des Zements (vgl. Scheuss 2007: 29) und betreibt eine strategische Rohstoffpolitik v.a. in Staaten Afrikas, die von westlichen Staaten wegen deren Menschenrechtsverletzungen sanktioniert werden (vgl. Juchler 2008:7, Seinitz 2012: 7). Die größten Vorkommen an seltenen Erden, die für die Elektronikindustrie und vor allem für die Umwelttechnologie (Magnete in Windkraftanlagen) benötigt werden befinden sich in China, das 97% der weltweiten Produktion kontrolliert (vgl. Eschenbacher 2012). Die chinesische Regierung hat begonnen, den Abbau und Export der wichtigen Rohstoffe einzuschränken und strategische Reserven einzulagern (vgl. die Welt 2012). Um die Abhängigkeit zu reduzieren wurde in Deutschland bereits der Abbau seltener Erden begonnen (vgl. die Welt 2012a). In Skandinavien werden nun geschlossene Minen zum Erzabbau wieder geöffnet und neue erschlossen. Investitionen in den europäischen Bergbau stiegen von 25 Mrd. Dollar im Jahr 2007 auf 75 Mrd. Dollar im Jahr 2011, u.a. lohnt es sich, tiefergelegene Lagerstätten zu erschließen, wie es im Öl- und Gasgeschäft schon länger üblich ist (vgl. Eschenbacher 2012).

2.4.4 Umweltaspekte

Viele Bereiche der Industrie erzeugen durch ihre Prozesse verunreinigtes Wasser und verschmutzte Luft. Neben den eigentlichen verkaufbaren Gütern wird ein nennenswerter Anteil Abfall produziert. Noch in den achtziger Jahren wurden z.B. ungeklärte Abwässer in die Flüsse geleitet, so zählte die Glan in Kärnten wegen der Verunreinigungen der Firma Funder in St. Veit zu den meistverschmutzten Gewässern (vgl. Kerschbaumer u.a. 2004: 46, 51). Regulierungen der einzelnen Staaten und der EU zwangen die Unternehmen zum Einbau von Filtern in Abgasanlagen und die Klärung von Abwässern. Die Entwicklung von Umweltschutzrichtlinien hat sich im Zeitraum 1990-2009 mehr als verzehnfacht, einige dieser Auflagen werden als innovationshemmend und als Behinderung ganzer Wirtschaftszweige angesehen (vgl. Wildemann 2009: 4). Die Volksrepublik China erkauft sich die enormen ökonomischen Wachstumsraten durch den Einsatz veralteter Industrieanlagen, die für die Umwelt des Landes schwerwiegende negative Auswirkungen zeigen (vgl. Juchler 2008: 8). Die Umweltschäden sind mit ca. 10% des BIP so groß wie das jährliche Wirtschaftswachstum (vgl. Juchler 2008: 38, Harting 2008: 79). Premierminister Wen Jiabao und Parteichef Hu Jintao haben nach ihrem Amtsantritt 2002 den Umweltschutz zur Chefsache erhoben. Jeder Gouverneur soll fortan neben dem ökonomischen auch über den ökologischen Fortschritt Rechenschaft ablegen (vgl. Juchler 2008: 37), das Ziel ist eine umweltfreundliche und nachhaltige Wirtschaftsentwicklung (vgl. Harting 2008: 82).

Eines der wichtigsten Gesetze zum Umweltschutz in der EU ist die REACH-Verordnung, die als Ziel den Schutz menschlicher Gesundheit und der Umwelt, sowie die Beurteilung der von Stoffen ausgehenden Gefahren hat. Außerdem wird die Entsorgung gefährlicher Stoffe geregelt (vgl. VO 1907/2006/EG: 47f).

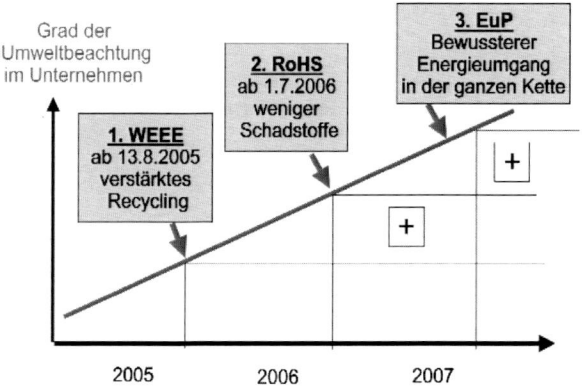

Abb. 2.17: Integrierte Produktpolitik der EU

Quelle: Poschmann 2006: 45

Die Regulierung wird vor allem von mittelständischen Unternehmen als Wettbewerbsnachteil gesehen, die Verlagerung von Forschungs- und Produktionsbereichen wird befürchtet. International agierende Unternehmen sehen es jedoch als Chance im Wettbewerb, wenn die Einhaltung der Rahmenbedingungen in den Prozessen verankert ist. Dies ist auch eines der Ziele der Verordnung (vgl. VO 1907/2006/EG: 47). Auch in der Volksrepublik China gibt es mittlerweile Überlegungen zu REACH-Derivaten (vgl. Wildemann 2009: 4). Eine weitere Bestrebung zum Schutz der Umwelt in der EU ist die WEEE Richtlinie mit dem Ziel der Vermeidung von Abfällen in Elektro- und Elektronikgeräten sowie dem Recycling von Altgeräten (vgl. RL 2002/96/EG: 26). Das Recycling vermindert zudem die Abhängigkeit von importierten Rohstoffen. Zur Vermeidung gefährlicher Stoffe in der Produktion elektrischer Geräte, wurde von der EU die ROHS Richtlinie eingeführt. Ziel ist Gesundheitsschutz und die umweltgerechte Verwertung von Produkten (vgl. RL 2002/95/EG: 20). Auch andere Länder wie China, Japan, Korea, Norwegen und die Türkei planen mittlerweile an ROHS angelehnte Gesetze einzuführen (vgl. ROHS Guide 2012). In der EuP Richtlinie wird schließlich im Zuge der integrierten Produktpolitik der EU (s. Abb. 2.17) die Integration von Umweltaspekten im gesamten Produktlebenszyklus energiebetriebener Produkte geregelt. Wenn auch hier europäische KMUs die Auflagen überzogen finden, gibt es in Japan weitreichendere Bestrebungen zur ganzheitlichen Selbstverpflichtung der Unternehmen hinsichtlich des Energieverbrauchs (vgl. Poschmann 2006: 45f).

2.5 Die China-AG

China hat sich durch seinen Status als führender Low-Cost Produzent zur Werkbank der Welt entwickelt, ganze westliche Industrien sind nach China abgewandert (vgl. Scheuss 2007: 43). Durch die rasante wirtschaftliche Entwicklung steht China kurz davor, Deutschland als drittgrößte Volkswirtschaft der Welt abzulösen. Dabei wird übersehen, dass es sich weniger um einen verwunderlichen Aufstieg, denn mehr um die Rückkehr einer wirtschaftlichen Weltmacht handelt, die über 2.000 Jahre die größte und fortschrittlichste Volkswirtschaft mit den meisten Einwohnern war (vgl. Juchler 2008: 3f).

2.5.1 Historische Entwicklung

Der Grundstein des heutigen Chinas wurde zwischen 230 und 210 v. Chr. durch den ersten chinesischen Kaiser Qin Shihuangdi gelegt, der aus dem Land einen bürokratischen Beamtenstaat mit absoluter Monarchie machte. Nach der Vereinigung des Landes führte er eine hierarchisch gegliederte Struktur mit Kommandanturen und Landkreisen und eigener Verwaltung ein, die an die jeweils übergeordnete Stelle zu berichten hatten. Weiters wurden Währung, Maßsysteme, die Schrift und das Transportsystem standardisiert (vgl. Wilhelm 2007: 57, Eberhorn 2011). Die ab 206 v. Chr. regierende Han-Dynastie übernahm das zentralistische System, das über mehrere Dynastien ohne große Veränderungen bestehen blieb (vgl. Wilhelm 2007: 58). Der Niedergang begann durch die Bevölkerungsexplosion Mitte des 18. Jahrhunderts, mit der die landwirtschaftliche Produktion nicht mithalten konnte, was in weiterer Folge zu Aufständen unter der hungernden Bevölkerung führte (vgl. Juchler 2008: 4). Mitte des 19. Jahrhunderts begann die Kolonialisierung durch die Briten, der Handel Tee gegen Opium machte sechs Millionen Chinesen süchtig, was die Regierung 1838 zu unterbinden versuchte. Im darauffolgenden Opiumkrieg musste das geschwächte China 1842 kapitulieren und im Friedensvertrag von Nanjing etliche Häfen, sowie Hongkong den Briten überlassen. Außerdem setzten sich die Amerikaner und Japaner an Chinas Küste fest (vgl. Juchler 2008: 26). Den zweiten Weltkrieg konnte China mit amerikanischer Hilfe gegen die Japaner für sich entscheiden. Nach dem Krieg wurde am 1. Oktober 1949 die Volksrepublik China durch Mao Zedong ausgerufen, womit die Ära der kommunistischen Herrschaft nach dem Vorbild der Sowjetunion begann (vgl. Juchler 2008: 4). Nach dem Tod Maos 1976 schlug sein Nachfolger Deng Xiaoping ab 1978 einen Reform- und Öffnungskurs ein und erklärte 1992 als wirtschaftspolitisches Ziel Chinas, eine sozialistische Marktwirtschaft aufzubauen (vgl. Juchler 2008: 5).

2.5.2 Das politische System Chinas

In der Volksrepublik China besteht ein nicht-demokratisches, autoritäres Einparteiensystem unter der kommunistischen Partei Chinas (KPCh), es gibt keine freie Wahlen und keine Oppositionsparteien. Die KPCh hat aus dem Zusammenbruch der Sowjetunion und des Ostblocks gelernt (vgl. Harting 2008: 71) und richtet zum eigenen Machterhalt die Politik auf Wirtschaftswachstum und steigenden Wohlstand aus (vgl. Harting 2008: 70). Die Regierung geht davon aus, dass das chinesische Volk auf Mitsprache verzichtet so lang sie dieses Versprechen einhalten kann (vgl. Juchler 2008: 37).

Die Richtung, in die sich die Wirtschaft entwickeln soll, gibt die Zentralregierung über Fünfjahrespläne vor. Seit 2011 gilt der zwölfte Fünfjahresplan der u.a. festlegt, welche Industrien die Schlüsselindustrien sein werden. Aktuell versucht die Regierung, China von der Werkbank zum Labor der Welt hin zu entwickeln (vgl. Sandner u.a. 2012: 4), u.a. durch Etablierung eines chinesischen Autoherstellers unter die weltweiten Top 10 bis 2016 (vgl. Sandner u.a. 2012: 39). Die überregionale Organisation ähnelt jener marktwirtschaftlicher Unternehmen. Zur Führung wurde das Kaderverantwortungssystem eingeführt, mit dem die Vorgaben aus der Zentralregierung an die unteren Ebenen weitergeleitet werden. Führungspersonen unterzeichnen Erfüllungsverträge, in denen allgemeine, Pflicht- und Hauptziele festgelegt werden, am Jahresende wird deren Erfüllung beurteilt (vgl. Harting 2008: 72).

2.5.3 Wirtschaftliche Entwicklung

Seit der Öffnung Chinas Ende der siebziger Jahre hat sich die Wirtschaft in China etwa alle drei Jahre verdoppelt (vgl. Scheuss 2007: 29), in den letzten zehn Jahren hat sich das pro-Kopf-Einkommen mehr als verfünffacht (s. Abb. 2.18).

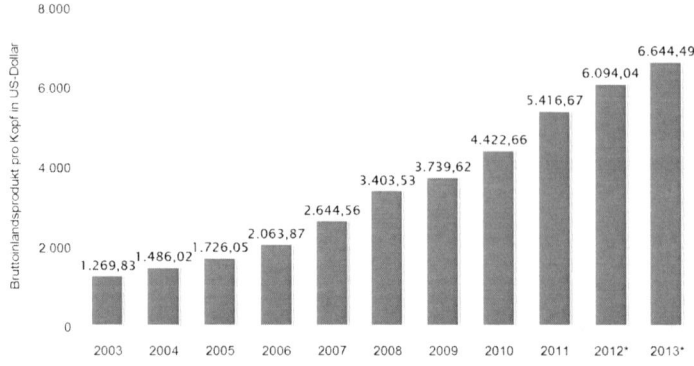

Abb. 2.18: BIP pro Kopf 2003-2013

Quelle: URL: http://de.statista.com/statistik/daten/studie/19407/umfrage/
bruttoinlandsprodukt-pro-kopf-in-china/ [Stand: 02.12.2012]

Das Wirtschaftswachstum wird durch den Export und weniger durch die Binnennachfrage vorangetrieben. Vor allem seit dem Beitritt zur WTO 2001 ist der Export stark angestiegen (vgl. Sandner u.a. 2008: 4, s. Abb. 2.19).

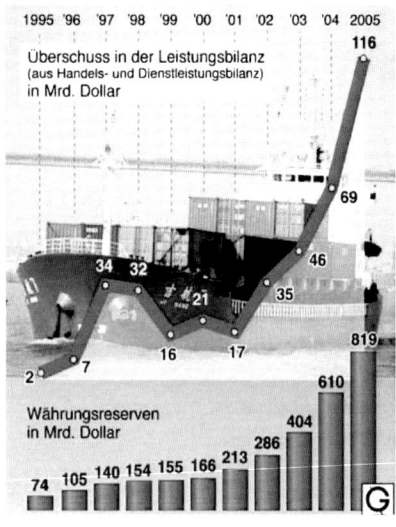

Abb. 2.19: Entwicklung chinesischer Exporte und Währungsreserven

Quelle: Juchler 2008: 32

Die chinesische Währung ist der Renminbi mit der Einheit Yuán. Ab 1994 war die Währung mit einem festen Wechselkurs an den Dollar gekoppelt. Erst im Juli 2005 begann die chinesische Regierung auf Druck der Märkte die durch die wirtschaftliche Entwicklung stark unterbewertete Währung vom Dollar zu lösen (s. Abb. 2.20), was bis dahin ein erheblicher Kostenvorteil im Export gegenüber anderen Ländern war (vgl. Cline u.a. 2008: 2, 16). 2010 schließlich wurde die Wechselkurspolitik reformiert um die Kurse zu flexibilisieren. Nachteilig ist dies für die amerikanische Staatsverschuldung (vgl. Financial Times 2010), ein Großteil der Devisenreserven der Volksrepublik China sind US Staatsanleihen (s. Abb. 2.19).

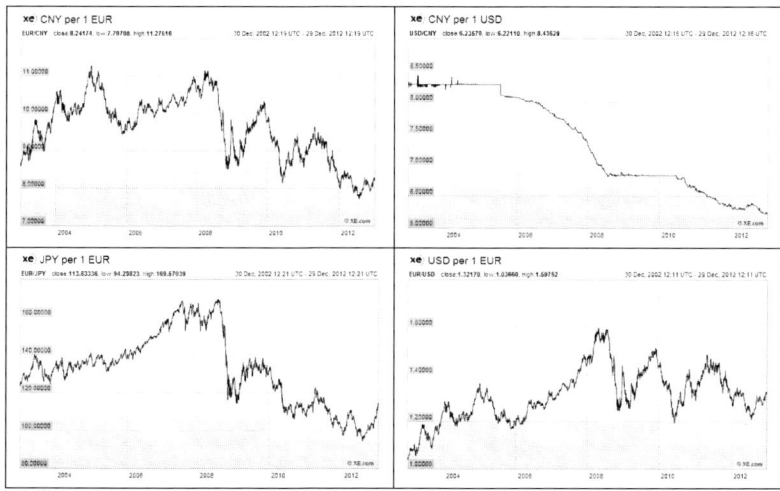

Abb. 2.20: Wechselkursschwankungen 2002-2012

Quelle: Eigene Auswertung aus URL: http://www.xe.com/currencycharts/ [Stand: 29.12.2012]

Andererseits hat die Aufhebung der Dollarbindung und die Aufwertung des Renminbi dazu geführt, dass sich Importe aus China seit 2008 für den Euroraum um mehr als 40% verteuerten (s. Abb. 2.20). Verlagerungsentscheidungen europäischer Unternehmen sind angesichts steigender Transportkosten (s. **Fehler! Verweisquelle konnte nicht gefunden werden.**) zu überdenken. Eine ähnliche Entwicklung der Wechselkurse gibt es zum japanischen Yen (s. Abb. 2.20).

2.5.4 Expansion im Ausland

Chinesische Unternehmen waren lange Zeit die Werkbank der Welt, produzierte Massenprodukte waren in erster Linie für den Export bestimmt. Durch steigende Haushaltseinkommen in den wirtschaftsstarken Küstenregionen nahm der Binnenkonsum in den letzten Jahren kontinuierlich zu (vgl. Tirpitz u.a. 2011: 6). Die Zentralregierung motiviert chinesische Unternehmen eigene Marken aufzubauen und neben dem eigenen Markt diese auch weltweit bekannt zu machen. In der Folge wagen immer mehr chinesische Unternehmen den Schritt ins Ausland durch Kooperationen, Joint-Ventures, Übernahmen oder eigene Niederlassungen (vgl. Sandner u.a. 2008: 4, Tirpitz u.a. 2011: 11).

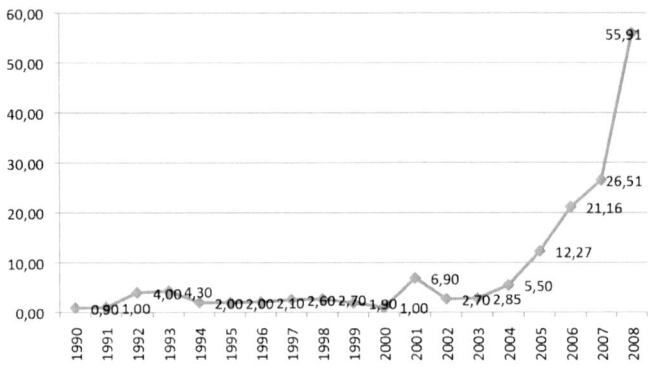

Abb. 2.21: Chinesische Direktinvestitionen 1990-2008

Quelle: Tirpitz u.a. 2011: 21

Eine der bekanntesten Übernahmen ist z.B. jene der PC-Sparte von IBM durch Lenovo 2004 (vgl. Sandner u.a. 2012: 25). Dabei verfolgen chinesische Unternehmen Ziele wie die Erschließung natürlicher Ressourcen, neuer Absatzmärkte, strategisches Know-how über fremde Märkte und Technologien (vgl. Tirpitz u.a. 2011: 19, Seinitz 2012: 6).

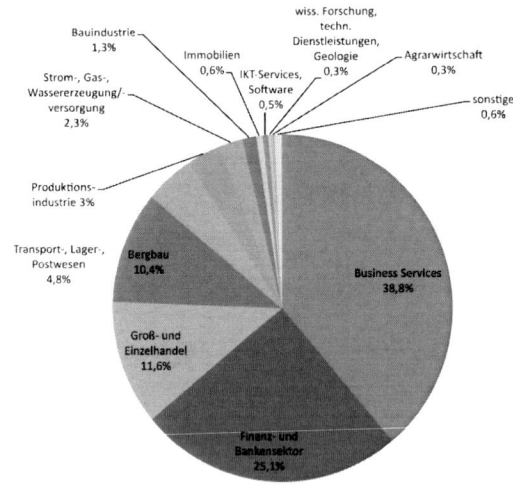

Abb. 2.22: Sektorale Verteilung chinesischer Direktinvestitionen

Quelle: Tirpitz u.a. 2011: 22

Die bevorzugte Internationalisierungsform ist die Direktinvestition, diese steigen seit 2004 stark an (s. Abb. 2.21). In der sektoralen Verteilung betreffen Direktinvestitionen vorrangig den Dienstleistungssektor inklusive Finanzdienstleitungen und den Handel (s. Abb. 2.22).

3 Bedeutung der Arbeit in der Kultur

Tiere unterliegen einer naturgebundenen Instinktsteuerung, erkennen aber nicht Zweck und Sinnzusammenhang der Betätigungen, die in ihrem genetischen Code gespeichert sind und auf auslösende Reize programmgemäß ablaufen (vgl. Buggert 1984: 405, 407). Der Mensch löste sich vor ca. 500.000 Jahren aus seinem festgefugten Kreis der Lebensfristung, um fortan sein Dasein aus eigener Kraft zu gestalten (vgl. Buggert 1984: 405). Der Schritt zum bewusst erlebten Dasein konfrontiert den Menschen mit Bedürfnissen, die nicht mehr mit ungerichtet suchender Aktivität Befriedigung finden, sondern den Einsatz psychophysischer Kräfte erfordern. Arbeit wird die elementare Grundlage für das Menschsein, weil der Mensch die Umwelt an seine Bedürfnisse anpasst (vgl. Buggert 1984: 406). Vergegenständlicht wurde die Arbeit durch Hilfsmittel als Arbeitserleichterung und zur Kompensation körperlicher Kräfte (vgl. Buggert 1984: 407). Die Entwicklung von Werkzeugen hatte das Motiv, die Daseinsbedingungen zu verbessern, die einerseits Arbeit als Mittel einschließt, andererseits aber eine Entlastung von ihr anstrebt (vgl. Buggert 1984: 408).

3.1 Entstehung der Arbeitsteilung

Das anteilige Prinzip kann schon in der Natur in den geschlechterspezifischen Funktionen männlicher und weiblicher Lebewesen beobachtet werden. In vorgeschichtlichen Familien begannen sich spezifische Aufgaben herauszubilden, dadurch konnten Methoden in der Ausführung stetig verbessert, durch Erziehung weitergegeben und über Generationen deren Effektivität gesteigert werden. Nach frühen Jägern und Sammlern entwickelten sich Viehzüchter und Ackerbauern. Durch weitere Arbeitsteilung und den Einsatz von Werkzeugen entfalteten sich handwerkliche Tätigkeiten und Fertigkeiten, mit deren Hilfe Behausungen errichtet und Kleidung hergestellt werden konnten (vgl. Buggert 1984: 408f). Die Weiterentwicklung zu militärischen Formationen holt ihre Wirkkraft aus strategischer Planung und Koordination der Truppenteile, an der Spitze steht meist ein mit umfassenden Machtbefugnissen ausgestatteter Autokrat, der sich auch auf geschickte Menschenführung versteht (vgl. Buggert 1984: 410). Ebenso wegen Vorteilen in der Kriegsführung entstanden erste Maschinen, die mit Hilfe der Hebelwirkung Wurfgeschosse schleudern konnten. Wegen der Sklaverei bestand für die Arbeitserleichterung zunächst kein Bedarf an Maschinen, erst Leonardo da Vinci legt in der Moderne eine Vielzahl von ausgereiften Entwürfen vor (vgl. Buggert 1984: 421). Henry Ford schließlich entwickelte eine Arbeitsorganisation, die durch Nachbildung eines natürlichen Organismus Mensch und Maschine auf Knopfdruck als abgestimmtes

System funktionieren lassen (vgl. Buggert 1984: 414). Unterstützend für die Entstehung von arbeitsteiligen Gesellschaften wird die geographische Lage, die Nähe zu Binnenmeeren bzw. zu verzweigten Binnengewässern gesehen. Die Hochkulturen der Ägypter, Griechen, Römer mit Zugang zum Mittelmeer, als auch jene im östlichen China und rund um den Golf von Thailand konnten durch die Möglichkeit des Schiffstransports große Mengen an Gütern transportieren und damit die Distanz zwischen (landwirtschaftlicher) Produktion und den Abnehmern in den Städten überbrücken (vgl. Smith 2011: 20f).

In der Literatur beschreibt Adam Smith erstmals die Vorteile der industriellen Arbeitsteilung. Die landwirtschaftliche Produktion kann wegen der geringen Anzahl an Arbeitsschritten in Industrienationen kaum effizienter und günstiger erstellt werden als in Entwicklungsländern (vgl. Smith 2011: 11). Neben dem vielzitierten Beispiel des Nadelherstellers (vgl. Smith 2011: 10, Siebert 1984: 245) beschreibt Smith die Verbesserung von Fertigkeiten und Erhöhung der Produktionsmengen durch Reduzierung auf einfache Tätigkeiten, wodurch in Zusammenarbeit angelernte Arbeiter in der Lage sind, weit mehr herzustellen als universelle Fachkräfte. Durch Entfall des Wechsels von einer Aufgabe zur anderen und Werkzeugen ergibt sich eine weitere Zeiteinsparung, einzelne, sehr einfache Schritte ermöglichen den Ersatz der menschlichen Arbeitsleistung durch Maschinen (vgl. Smith 2011: 12f). Marx sieht die Arbeitsteilung als vergegenständlichten Wert der Arbeit (vgl. Marx 1867: 4), bei dem der Gebrauchswert einer Ware als relativer Tauschwert einer äquivalenten Ware gegenüber steht (vgl. Marx 1867: 2f). In einer Fabrik tauschen die Arbeiter nicht ihre individuellen Produkte aus, diese treten nur als Waren voneinander unabhängiger Privatarbeiten gegenüber (vgl. Marx 1867: 8). In der Wandlung zum Geld wird der Wert als abstrakte menschliche Arbeit abgebildet (vgl. Marx 1867: 48). Das Prinzip der Arbeitsteilung gilt nicht nur für den Produktionsfaktor Arbeit, sondern für alle Faktoren wie Boden und Kapital in allen Wirtschaftszweigen. Die Produktionsfaktoren sollen dort verwendet werden, wo sie eine relativ höhere Grenzproduktivität haben (vgl. Siebert 1984: 245).

3.2 Philosophische Hintergründe

In der Antike stehen sich mit dem griechisch-römischen und dem chinesischen Kulturkreis zwei Großreiche gegenüber, deren Ethik von den in dieser Zeit lebenden Philosophen geprägt wurde und die Gesellschaft bis in die Gegenwart beeinflusst (vgl. Juchler 2008: 4, Buggert u.a. 1995: 152). Die Kulturkreise stehen sich heute in Europa und Nordamerika mit Südostasien (u.a. China, Japan) gegenüber.

3.2.1 Der westliche Kulturkreis

Im Okzident baute sich die Volksgemeinschaft vorwiegend durch die kriegerische Organisation der wehrfähigen Mannschaft auf, der einzelne freie Mann bildete die Zelle der Gesellschaft, was die Grundlage für eine individuelle Entwicklung von Religion und Moral war (vgl. Wilhelm 2007: 31). Aristoteles sieht das individuelle Streben nach Glück als Hauptantrieb des menschlichen Daseins (vgl. Buggert u.a. 1995: 153). Dies wurde neben den Rechten auf Leben und Freiheit auch in der amerikanischen Unabhängigkeitserklärung von 1776 formuliert. Bei Cicero und Aristoteles hat die körperliche Arbeit einen geringen Stellenwert, sie unterschieden zwischen Herrennaturen und Sklavennaturen, letztere besäßen keine eigene Vernunft, dürfen jedoch an den vernünftigen Entscheidungen ersterer zum eigenen Vorteil teilhaben. Diese Vorstellungen führen zu den heute hierarchisch strukturierten Betriebsorganisationen, in denen die dispositiven Aufgaben wie Führung und Planung dem Management und die auf körperliche Verrichtung reduzierten Tätigkeiten den Arbeitern übertragen werden (vgl. Buggert 1984: 417). Der Stellenwert ändert sich erst in der christlichen Lehre, in der die Erschaffung der Erde als sechstägiges, planvolles Arbeitsergebnis gesehen wird, aus diesem religiösen Gesichtspunkt kann die Arbeit nicht minderwertig sein. Im Mittelalter setzt die Kirche die sittlichen Normen, unter Androhung von Sanktionen werden Individualinteressen gezügelt, die Segnungen der Schöpfung und die Strafe für den Sündenfall sollen die mühsame Arbeit ertragen lernen (vgl. Buggert 1984: 419). In der Renaissance lösen sich Adelige und Bürger von klerikalen Fesseln und streben nach Selbstverwirklichung, die antiken Wertvorstellungen zur Arbeit treten wieder in Erscheinung. Die merkantilistische Theorie von der Produktivität niedriger Löhne wird religiös und erzieherisch damit begründet, Arbeiter vor dem Laster zu bewahren. Lohnarbeiter arbeiten zu dieser Zeit unter menschenunwürdigen Verhältnissen und erhalten nur eine Vergütung für ein Leben am Existenzminimum (vgl. Buggert 1984: 420).

Die neuzeitliche Sicht der Motivation zur Arbeit wird von A. H. Maslow in der aus seinen Theorien abgebildeten Bedürfnispyramide (s. Abb. 3.1) wiedergegeben. Der Mensch strebt erst nach dem Erreichen einer Bedürfnisstufe nach der nächsthöheren. Auf unterster Stufe stehen die physiologischen Bedürfnisse nach Nahrung und Schlaf, gefolgt von den Sicherheitsbedürfnissen wie Unterkunft und stabilen Bedingungen hin zu den sozialen Bedürfnissen, die gesellschaftliche Anerkennung und zwischenmenschliche Beziehungen einschließen.

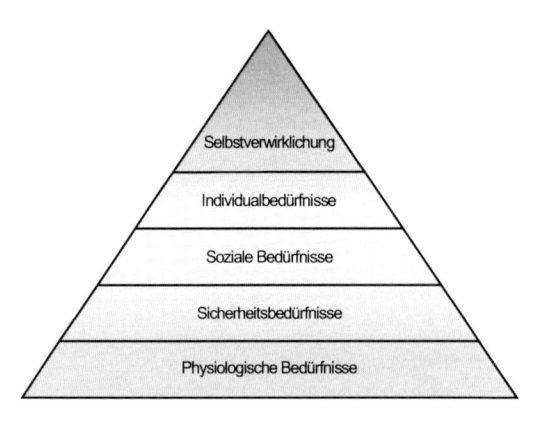

Abb. 3.1: Bedürfnishierarchie nach Maslow

Quel-
le: URL: http://de.wikipedia.org/w/index.php?title=Datei:Einfache_Bed%C3%BCrfnishierarchie_nach_
Maslow.svg&filetimestamp=20120615194750 [Stand: 15.06.2012]

Die meisten Menschen sind mit dem Erreichen der dritten Stufe zufrieden und streben nicht nach Erfolg und Prestige der vierten und nach Selbstverwirklichung der fünften Stufe (vgl. Maslow 1943). Gewissermaßen wird darin wieder die antike Sicht abgebildet, in der nur wenige Führungsnaturen über eine Vielzahl an untergebenen Arbeitern herrschen.

3.2.2 Der asiatische Kulturkreis

Im Gegensatz zur kriegerischen Prägung im Westen steht in China die friedliche Durchdringung am Anfang. Schon früh wird das Land in Felder unterteilt und einzelnen Familien zur Bebauung übergeben, was von den Familien eine kollektivistische Wirtschaftsform voraussetzt. Daraus ergibt sich als Grundzelle der chinesischen Gesellschaft nicht das Individuum wie im Westen (s. 3.2.1), sondern die kommunistische Familie mit dem Vater als oberste Autorität. Für größere Unternehmungen entwickelte sich das Familienpatriarchat zum gesellschaftlichen Patriarchat mit dem Fürsten und schließlich dem Kaiser an der Spitze weiter. Die Religion erlangte nie einen ähnlichen Stellenwert wie im Westen, verehrt wurden Götter des Himmels, der Erde und der Ackerkrume, aus den familiären Gegebenheiten entwickelte sich ein gewisser Ahnenkult (vgl. Wilhelm 2007: 31f). Um 500 v. Chr. lebte Konfuzius, der sich sämtliches Wissen der damaligen Zeit anzueignen begann und zu einem einheitlichen Ganzen vereinigte. Dadurch sammelte er bald Schüler aus allen Kreisen um sich, die er lehrte (vgl. Wilhelm 2007: 40). Wegen seiner Leistungen übertrug ihm der Landesfürst einen Ministerposten, in dem er das Rechtbewusstsein seiner Zeit prägte (vgl. Wilhelm 2007: 44f). Die konfuzianische Ethik beruht auf dem Grundverhältnis der Familie, auf dem sich die gesamte

Staatsorganisation aufbaut. Das Individuum hat in der fest gegliederten Organisation seine bestimmte Stelle zugewiesen. Sinngebend sind die fünf Beziehungen zwischen Vater und Sohn, Mann und Frau, älterem und jüngerem Bruder, Fürst und Beamten, Freund und Freund. Die Ordnung gliedert sich indem der Kaiser der Vater des Reichs, die Fürsten Landesväter und schließlich die Bürger Familienväter sind (vgl. Wilhelm 2007: 52). Konfuzius zieht die Bindung des Menschen an die Gesellschaft der Beziehung zu einem Gott vor (vgl. Wilhelm 2007: 55), Lebensphilosophie ist das Streben nach Harmonie (vgl. Buggert u.a. 1995: 152). Der erste chinesische Kaiser war Qin Shihuangdi, der nach dem Zerfall der Dschou-Dynastie den Staat gestaltete (s. 2.5.1). Er bekämpfte das ethische Staatsideal des Konfuzius mit Feuer und Schwert. Seine Dynastie ging jedoch schon nach der zweiten Generation in der Han-Dynastie auf, die die Anhänger des Konfuzius von Beginn an integrierten (vgl. Wilhelm 2007: 60). Ab 600 n. Chr. entwickelt sich der Konfuzianismus in Japan (vgl. Buggert u.a. 1995: 152) und in weiterer Folge in den heutigen Tigerstaaten Singapur, Taiwan und Südkorea (vgl. Scheuss 2007: 46). Der japanisch geprägte Konfuzianismus orientiert sich mehr an dessen Schulphilosophie und beginnt auf China zurückzuwirken (vgl. Wilhelm 2007: 61). In der Neuzeit orientiert sich die chinesische Führung für ihre wirtschaftlichen und politischen Anstrengungen wieder an den Schriften des Konfuzius (vgl. Juchler 2008: 5). Unter Mao Zedong wurde die Ideologie noch für die Rückständigkeit des Landes verantwortlich gemacht, unter der Führung von Hu Jintao wiederum wird versucht, eine harmonische Gesellschaft mit konfuzianischem Gedankengut zu etablieren (vgl. Scheuss 2007: 47, Juchler 2008: 5). Das spiegelt sich z.B. in der Ausrichtung auf Wohlstand und Wirtschaftswachstum wieder.

Ein Schüler hatte ihn (Konfuzius) einmal gefragt, worauf es in der Verwaltung eines Staates vorzüglich ankomme. Er antwortete: „Auf ein tüchtiges Heer, auf Wohlstand des Volks und darauf, daß das Volk Vertrauen zu seinem Herrscher hat" (Wilhelm 2007: 44).

Diese neue, „konfuzianische Kirche" borgt sich manchen Radikalismus vom Christentum, was von Konfuzius in dieser Form sicher nicht gewollt war (vgl. Wilhelm 2007: 61). In asiatischen Unternehmen spiegeln sich die konfuzianischen Gedanken in der horizontalen Ausrichtung von Informationsflüssen und Entscheidungsprozessen wider, welche alle betroffenen, auch unternehmensübergreifend in die Problemlösung mit einbeziehen (vgl. Dirks 1996: 349, Buggert u.a. 1995: 167).

3.3   Das Lernen in der Kultur

In der westlichen Gesellschaft gibt es keine besonders ausgeprägte Ideologie, die das Lernen in der Kultur verankert. Die Mitglieder der Bevölkerung erlernen im Zuge der Ausbildung einen Beruf und verbleiben üblicherweise während des gesamten Arbeitslebens in einer Branche, die Weiterbildung verleiht in der Regel kein zusätzliches Ansehen in der Gesellschaft. Das Programm für lebenslanges Lernen der EU hat erst seit kurzem zum Ziel, die Gemeinschaft zu einer fortschrittlichen, wissensbasierten Gesellschaft mit nachhaltiger wirtschaftlicher Entwicklung mit mehr und besseren Arbeitsplätzen und größerem sozialen Zusammenhalt zu entwickeln, in der zugleich ein guter Schutz der Umwelt für künftige Generationen gewährleistet ist (vgl. BS 1720/2006/EG). Dem gegenüber hat schon seit Jahrhunderten in konfuzianisch geprägten Regionen Bildung und Erziehung einen hohen Stellenwert, deren Wertschätzung wirkt als starker Motor des Fortschritts (vgl. Juchler 2008: 20). Viele Zitate von Konfuzius handeln vom Lehren, Lernen, Wissen und dessen Ethik (vgl. Wilhelm 2007: 80, 228, 248, 257, 278). Gewissermaßen ist die chinesische Form der Produktpiraterie ebenso eine Form des Lernens, die nicht nur schlicht kopiert sondern Entwicklungsfehler vermeidet und bestehende Produkte und Geschäftsmodelle verbessert (vgl. Scheuss 2007: 20).

3.4 Qualitätsverständnis im Unternehmen

Qualität wird gemäß der DIN 55350 als die Erfüllung der durch Kundenwünsche und Marktbedingungen definierten Anforderungen an ein Produkt definiert. Nach der ursprünglich nachträglichen Qualitätskontrolle nimmt die Planung der Qualitätsmerkmale im integrierten Qualitätsmanagement einen immer wichtigeren Stellenwert ein (vgl. Buggert u.a. 1995: 140), um präventiv Fehler zu vermeiden. Dazu gehört auch, dass die Mitarbeiter sich und die nachgelagerten Prozesse als interne Kunden sehen und sich dementsprechend kundenorientiert verhalten (vgl. Vollmuth 2008: 400f). Dazu muss das Unternehmen seine Kernfunktionen (vgl. Brauer 2009: 64) und der Mitarbeiter den Umfang seiner Verantwortung und seinen Einfluss auf die Qualität kennen (vgl. Brauer 2009: 67). Das Qualitätsverständnis ist in China weniger durch integriertes Prozessdenken als durch im Westen undenkbaren Aktionismus geprägt. So hat z.B. Zhang Ruimin, CEO von Haier, wegen mangelnder Qualität der Waschmaschinen, 200 von Kunden beanstandete Geräte zusammentragen lassen und von einzeln namentlich aufgerufenen Verantwortlichen vor versammelten Mitarbeitern zerstören lassen (vgl. Scheuss 2007: 34). Dies zielt auf die Position des einzelnen Mitarbeiters in der Gruppe mit den gesellschaftlich geprägten Wertvorstellungen.

4 Methoden in der Produktgestaltung

Aufgrund der geographischen Lage, Mangel an Rohstoffen und der räumlichen Enge musste sich die Produktion in Japan schon früh im industriellen Zeitalter gegenüber nationalen und internationalen Wettbewerbern behaupten (vgl. Rießelmann 2011: 1). Die Entwicklung der modernen japanischen Großunternehmen begann in der Meiji-Zeit (1868-1912), in der aus dem rückständigen Feudalstaat eine imperiale Großmacht wurde (vgl. Derichs 2008: 202). 1936 beauftragte die japanische Regierung die beiden in der Textilindustrie tätigen Unternehmen Toyota und Nissan mit der Produktion von Militärlastwagen. Sie wurden aufgefordert, ihr Zuliefernetz national aufzubauen und keine importieren Waren zu kaufen. Um die Wirtschaft nach dem zweiten Weltkrieg wieder aufzubauen fokussierte sich die Regierung aufgrund der Ressourcenknappheit auf wenige Schlüsselindustrien (vgl. Burt u.a. 1994: 57f). Die in Folge entstehende Strukturierung der Wertschöpfungsketten war weniger das Ergebnis von vorausschauenden strategischen Entscheidungen, viel mehr eine Anpassung an die gegebenen Marktverhältnisse (vgl. Dirks 1996: 353).

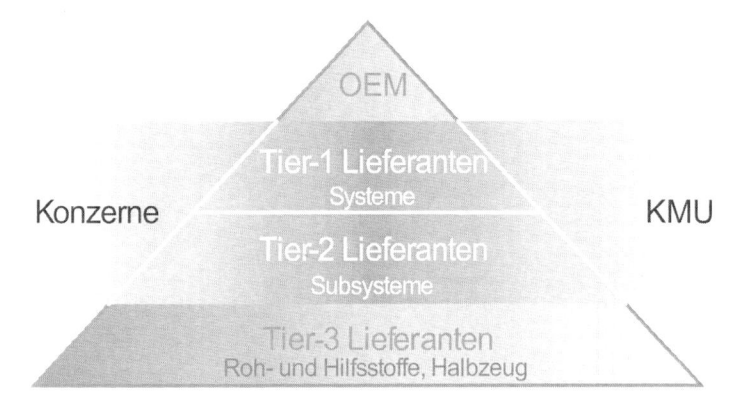

Abb. 4.1: Wertschöpfungspyramide in der Automobilindustrie

Quelle: Bayer u.a. 2012: 4

Ein wesentlicher Teil der wissenschaftlichen Literatur zu japanischen Produktionssystemen bezieht sich auf die großen Industrieunternehmen in der Automobilindustrie, die als OEMs an der Spitze der Wertschöpfungspyramide (s. Abb. 4.1) bzw. -kette (s. Abb. 2.16) stehen (vgl. Dirks 1996: 326). Am bekanntesten ist das Toyota Production System (TPS, s. Abb. 4.2), das zumeist im Kontext des japanischen Managements erwähnt wird (vgl. Dirks 1996: 350).

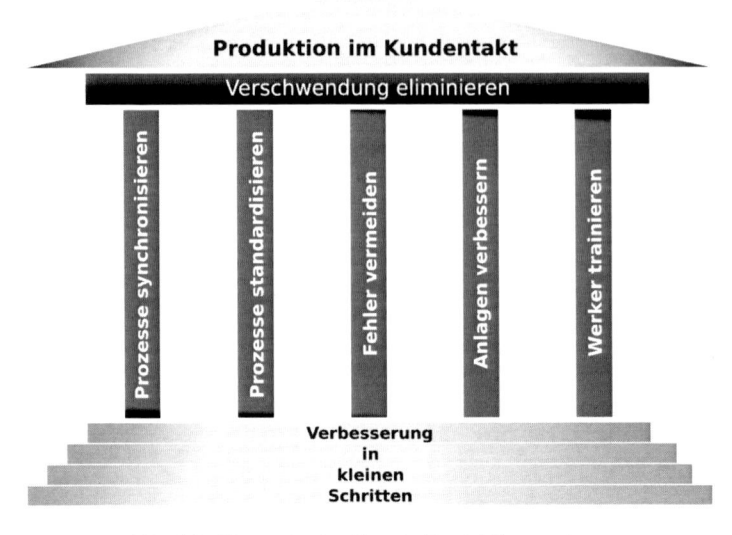

Abb. 4.2: Elemente des Toyota Produktionssystems

Quelle: URL: http://de.wikipedia.org/w/index.php?
title=Datei:TPS.svg&filetimestamp=20080806220345 [Stand: 06.08.2008]

4.1 Das japanische Keiretsu-System

Kaum erwähnt wird die Rolle der Zulieferer, meist kleine und mittlere Unternehmen, die als Tier-1 und Tier-2 Lieferanten (vgl. bmvit 2010: 13) bis zu 75% Anteil an der Wertschöpfung haben (vgl. Kerkow u.a. 2012: 35f) und für die Firmen auf der nächsthöheren Ebene nach deren technischen und preislichen Vorgaben produzieren (vgl. Burt u.a. 1994: 73). Tier-3 Lieferanten sind meist wieder größere Unternehmen. In Japan hat sich das System des Keiretsu (= Gruppe) etabliert, bei dem sich die Mitglieder gegenseitig Waren verkaufen, ihre Technologien teilen, gemeinsam Forschung und Entwicklung betreiben, sowie gemeinsame Finanzinstitute unterhalten (vgl. Burt u.a. 1994: 58). Die Unternehmen in einem Keiretsu sind durch gegenseitigen Aktienbesitz miteinander verbunden, meist halten die großen Hersteller die Mehrheit an Tier 1 bis teilweise Tier 3 Zulieferern und können dadurch Produktprogramm und Preise diktieren (vgl. Burt u.a. 1994: 19f). Die meisten Unternehmen aus dem Nikkei-Index sind Mitglieder eines Keiretsu und halten bis zu 70% der ausgegebenen Aktien in der jeweiligen Gruppe. Aus diesem Grund ist das System weitgehend unempfindlich gegenüber Kursstürzen (vgl. Burt u.a. 1994: 56). In einer Produktentwicklung legt der Hersteller den Zielpreis einer Komponente fest und identifiziert während jeder Phase der Produktentstehung gemeinsam mit dem Zulieferer die Kosten jedes Teils und die Möglichkeiten zur Kostensenkung. Dabei muss der Zulieferer einen wesentlichen Teil seiner internen Kosten und Produktionsmethoden offenlegen, im Gegenzug gesteht der Hersteller den Anspruch auf einen angemessenen Gewinn zu, ein Anreiz zu Qualitäts- und Prozessverbesserungen wird durch die gerechte Teilung der Einsparungen zwischen beiden Parteien gegeben (vgl. Burt u.a. 1994: 71).

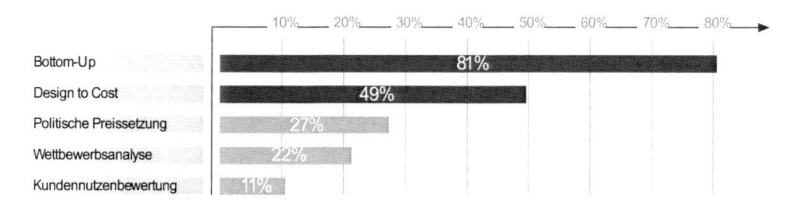

Bottom-Up	81%
Design to Cost	49%
Politische Preissetzung	27%
Wettbewerbsanalyse	22%
Kundennutzenbewertung	11%

Abb. 4.3: Preisgestaltungsinstrumente in der Automobilzulieferindustrie

Quelle: Bayer u.a. 2012: 7

Während in Japan die Auswahl von Zulieferern seit 1945 strategisch und weniger zufällig anhand von wettbewerbsbetonten Verhandlungen und Preisen erfolgt (vgl. Burt u.a. 1994: 59), setzt sich in Europa erst in den letzten Jahren die partnerschaftliche Zusammenarbeit von OEMs und Systemlieferanten durch (vgl. Bayer u.a. 2012: 3). Zur Preisgestaltung setzen die europäischen Unternehmen überwiegend die konservative kostenbasierende Bottom-Up Kalkulation ein, wobei auch rein politische Preise eine Rolle spielen. Eine Kalkulation nach Zielpreisen wird zwar schon von einigen Unternehmen durchgeführt, eine kundenorientierte Produktgestaltung nach eigenen Lasten- und Pflichtenheften mit genauer Spezifizierung der Kostenpositionen realisieren aber nur wenige innovative Unternehmen (s. Abb. 4.3, vgl. Bayer u.a. 2012: 7).

4.2 Traditionelle Kostenplanung

Das Vertriebssystem in Europa hat seine Ursprünge zu Beginn der industriellen Revolution Ende des neunzehnten Jahrhunderts. Der Fokus der Entwicklungstätigkeiten lag auf dem technisch machbaren, um den Wettbewerbsprodukten technologisch überlegen zu sein. Speziell in der Investitionsgüterindustrie waren mangels Vergleich die Verkaufspreise nicht aus Wettbewerbspreisen abzuleiten, es wurde davon ausgegangen, dass fortschrittlichere Produkte ihre Käufer finden würden. Daraus entstand das Kalkulationssystem der Industrie, bei dem die Herstellkosten, im Besonderen aber die Fertigungseinzelkosten, mit dem damit verbundenen Zuschlagssystem im Mittelpunkt stehen (vgl. Weber u.a. 2001: 181).

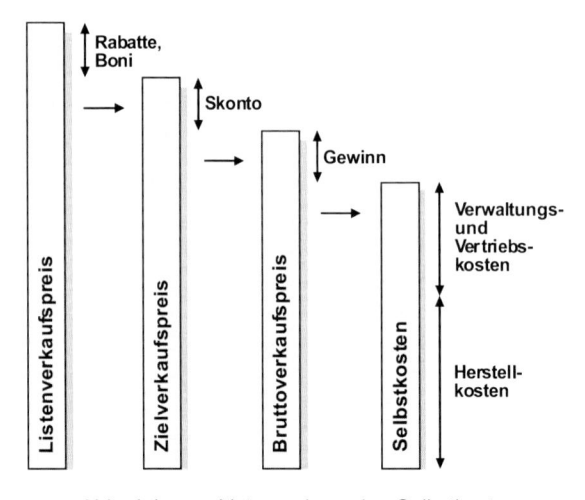

Abb. 4.4: vom Listenpreis zu den Selbstkosten

Quelle: Preißner 2003: 51

Aus den Herstellkosten zuzüglich der anteiligen Verwaltungs- und Vertriebskosten ergeben sich die Selbstkosten, mit Gewinn, welcher zur Existenzerhaltung des Unternehmens nötig ist, einschließlich eventueller Wagniskosten wird der Bruttoverkaufspreis errechnet. Je nach nachgelagerter Handelskette und Abnehmerstruktur sind noch Skonti, Rabatte und Handelsspannen mit zu kalkulieren (s. Abb. 4.4, vgl. Preißner 2003: 52).

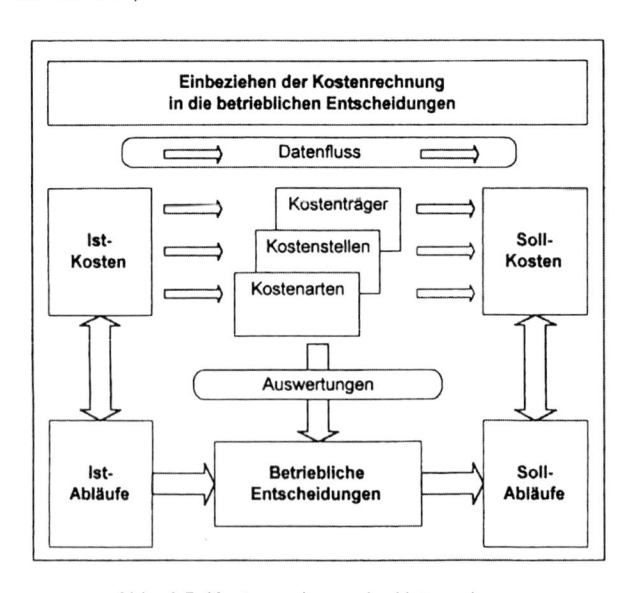

Abb. 4.5: Kostenrechnung im Unternehmen

Quelle: Weber u.a. 2001: 5

Die Kostenrechnung im Unternehmen (s. Abb. 4.5) diente früher zur Erfassung der angefallenen Kosten im Unternehmen. Heute steht die Notwendigkeit im Vordergrund, Informationen für betriebliche Entscheidungen zu erhalten. Neben der Erfassung von direkten Kosten wurde es wichtig, die indirekten Kosten Aufträgen möglichst realitätsnah zuzurechnen (vgl. Weber u.a. 2001: 3). Diese Zuordnung der Gemeinkosten stellt das größte Problem in der Produktkalkulation dar (vgl. Buggert u.a. 1995: 22f).

Die einfachste Form der traditionellen Kostenplanung ist die Divisionskalkulation, bei der die Gesamtkosten (Einzel- und Gemeinkosten) eines Zeitraums durch die produzierten Gesamtmengen des gleichen Zeitraums dividiert werden (vgl. Weber u.a. 2001: 39). Einsetzbar ist diese nur, wenn ein Unternehmen oder ein Geschäftsbereich nur ein Produkt oder eine Dienstleistung erstellt, bei dem Produktions- und Absatzmengen übereinstimmen bzw. wenn es sich um eine einstufige Fertigung handelt (vgl. Preißner 2003: 38). Das klassische Kalkulationsschema der Industrie (vgl. Weber u.a. 2001: 39) basiert auf Zuschlagssätzen, bei denen die gesamten Gemeinkosten eines Unternehmens prozentual auf die Einzelkosten der Kostenträger aufgeschlagen werden (vgl. Preißner 2003: 47). In der mehrstufigen Zuschlagskalkulation werden die Kostenanteile aus der Betriebsabrechnung über die Kostenstellen (vgl. Weber u.a. 2001: 62) auf verschiedene Einzelkostenarten verrechnet (vgl. Preißner 2003: 48).

In Unternehmen mit einer hohen Varianten- und Teilevielfalt (vgl. Weber u.a. 2001: 112) und vor allem einem hohen Gemeinkostenanteil (vgl. Preißner 2003: 68) beginnt sich die Prozesskostenrechnung durchzusetzen. Ziel dieser Kalkulationsart ist es, die für die Leistungserstellung nötigen Gemeinkosten einem Produkt nach Mengen direkt zuzuordnen, um Sonderprodukte nicht realitätsfern günstig erscheinen zu lassen und dafür Standardprodukte unnötig zu belasten (vgl. Vollmuth 2008: 391). Obwohl die Prozesskostenrechnung nach Ihrer Entstehung 1987 eine noch relativ junge Form der Kalkulation ist (vgl. Weber u.a. 2001: 118), hat sie mit allen anderen Formen der traditionellen Kostenplanung gemein, dass es sich um ein Bottum-Up Verfahren handelt, bei dem sich die kalkulierten Kosten, ausgehend von der aktuellen Situation mit vorhandenen Technologien und Produktionsverfahren durch Summierung der Plankosten, ergänzt um einen Gewinnaufschlag, ergeben (vgl. Dinger 2002: 10). Dies löst noch nicht das Problem, dass technisch überperfektionierte Produkte aufgrund Ihrer Entwicklungs- und Herstellungsprozesse unverkäuflich werden (vgl. Weber 2001: 179).

4.3 Total Quality Management

Das TQM geht auf William E. Deming zurück, welcher Anfang der fünfziger Jahre in den USA seine Theorien publizierte, jedoch wenig Beachtung fand. Im kriegszerstörten Japan fanden seine Ideen schnell Anhänger. Qualitätsverbesserungen führen zu Kosteneinsparungen durch weniger Nacharbeit, weniger Fehler und geringere Verzögerungen und Zwischenfälle, was eine verbesserte Produktivität zur Folge hat. Dadurch erreichte Japan die Ausrichtung auf das Ziel, den Weltmarkt mit Produkten konkurrenzloser Qualität zu erobern (vgl. Bondt 2000: 1f). TQM ist ein Führungsmodell, welches auf Qualität als gemeinsamen Nenner im Unternehmen angewiesen ist. Die Qualität der Unternehmensprozesse beeinflusst die gesamte Wertschöpfungsstruktur und steigert Marktanteile, wenn sie von Kunden in Form überlegener Produktmerkmale wahrgenommen wird (vgl. Hummel u.a. 2002: 9). Zu den Grundprinzipien zählen die Identität der Aufgabendurchführung mit Ergebnisverantwortung, Prozessorientierung, Prävention, Definition der Mitarbeiter als Kunden und die kontinuierliche Verbesserung (vgl. Vollmuth 2008: 399). Im Bereich der Qualitätskosten sind Vorbeugungskosten für Planung und Schulungsmaßnahmen zulässig, Prüfkosten sollen jedoch minimiert und Fehlerkosten vermieden werden (vgl. Vollmuth 2008: 403). In Europa wurde ein Standard zum Qualitätsmanagement erst 1987 mit der Normenreihe 9000ff eingeführt, der Bedarf an zertifizierbaren QM-Systemen zur Existenzsicherung ist seither laufend gestiegen (vgl. Vollmuth 2008: 398, s. 3.4).

4.4 Kanban

Um mit amerikanischen Unternehmen im Wettbewerb bestehen zu können begann Toyota 1947 mit der Entwicklung eines Systems zur Planung und Steuerung der Produktion. Unter Taiichi Ohno entstand das TPS (s. Abb. 4.2), dessen Kernelement die Just in Time Produktion ist. Um Teile zur richtigen Zeit in der richtigen Menge an die richtigen Stellen zu bekommen wurden Karten (= Kanban) als Medium zur Kommunikation eingeführt, die zwischen Verbraucher und Produzenten pendelten. Als Vorbild diente der Ablauf in Supermärkten der USA, bei denen Verbraucher Waren aus dem Regal entnehmen, welches vom Personal nach Bedarf wieder nachgefüllt wird (vgl. Geiger u.a. 2011: 16f, Gross u.a. 2003: 1f). Im Gegensatz zu herkömmlichen Systemen, bei denen die produzierende Stelle das Material zum Verbraucher bringt, besteht beim Kanban System eine Holpflicht. Der Verbraucher muss den Teilebedarf signalisieren und übermittelt dazu ein Kanban zum Produzenten, der die benötigten Teile zu produzieren beginnt und diese in dafür vorgesehenen Behältern unter Beachtung festgesetzter Regeln an den Verbraucher sendet. Dieser Regelkreis wird der totalen Selbststeuerung überlassen, eine Produktion erfolgt nur, wenn ein konkreter Bedarf vorliegt (vgl. Geiger u.a. 2011: 18). Bei der Einführung von Kanban sind für jeden Arbeitsplatz die Behältergrößen nach Verbrauch, Platzbedarf sowie Rüstaufwand beim Produzenten und eventuell nötigen Sicherheitsbeständen zu kalkulieren, letztere sind jedoch so gering wie möglich zu halten (vgl. Gross u.a. 2003: 9). Die Vorteile des Systems liegen in einer Verringerung der Lagerbestände durch Verhinderung von Überproduktion und damit der Gefahr von Obsoleszenz -bzw. Verderb, sowie in der Vereinfachung der betrieblichen Organisation durch die Verbrauchssteuerung auf operativer Ebene (vgl. Gross u.a. 2003: 4ff).

4.5 Kaizen

Ausgehend von den in TQM (s. 4.3) realisierten Konzepten von William E. Deming erweiterte 1954 der Amerikaner Joseph M. Juran die Methode um einen kundenorientieren Qualitätsbegriff. Er empfiehlt, zur Senkung des Fehlerniveaus kleine, abteilungsübergreifende Teams zur schrittweisen Qualitätsverbesserung einzusetzen. Da zu dieser Zeit in Japan keinerlei Ressourcen vorhanden waren um z.B. neue Maschinen anzuschaffen, konzentrierte man sich auf die kontinuierliche Verbesserung der Prozesse mit möglichst geringer Verschwendung von Ressourcen aller Art. Der japanische Begriff dafür lautet Kaizen (kai = ändern, zen = das Gute). Es beruht darauf, dass jedes System von Anfang an dem Verfall preisgegeben wird, wenn es keine ständige Verbesserung gibt. Integriert wurde Kaizen erstmals von Taiichi Ohno bei Entwicklung des TPS. Im deutschen Sprachraum ist Kaizen unter dem Begriff Kontinuierlicher Verbesserungs Prozess (KVP) bekannt (vgl. Kostka u.a. 2011: 11f).

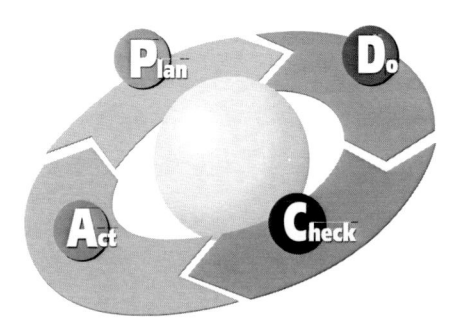

Abb. 4.6: Der PDCA Zyklus des KVP

Quelle: URL: http://de.wikipedia.org/w/index.php?title=Datei:PDCA_Cycle.svg&filetimestamp=20111002044927 [Stand: 02.10.2011]

Als Steuerungsinstrument dient der PDCA Zyklus (s. Abb. 4.6), welcher aus den ersten Ansätzen von Galileo Galilei 1939 von Walter A. Shewhart erstmals wissenschaftlich angewandt und schließlich von William E. Deming 1951 im Zuge seiner TQM Konzepte entwickelt wurde (vgl. Moen 2009: 1). Im ersten Schritt, „Plan", werden die Möglichkeiten zur Verbesserung bestehender Praktiken ausgearbeitet, Ziele definiert und messbare Indikatoren festgelegt. Im „Do" werden die Maßnahmen durchgeführt und im „Check" die Wirksamkeit der Maßnahmen anhand der festgelegten Indikationen überprüft, Abweichungen sind einer Ursachenuntersuchung zu unterziehen. Die Ergebnisse werden nieder geschrieben, um einen Rückfall zum alten Zustand zu vermeiden und in „Act" dazu genutzt, um den Prozess für einen erneuten Zyklusdurchlauf (kontinuierlich) zu verbessern (vgl. Hummel u.a. 2002: 81, Buggert u.a. 1995: 137). In der Regel betrifft Kaizen die Mitarbeiter auf der operativen Ebene, die die Änderungen eigenverantwortlich einbringen und durchführen, während das Management den strategischen Rahmen vorgibt (vgl. Buggert u.a. 1995: 136).

4.6 Poka Yoke

Mitte der sechziger Jahre entwickelte Shigeo Shingo zusammen mit der Fehlerquelleninspektion im Rahmen des TPS Poka (= zufällig, unbeabsichtigt) Yoke (= Fehlervermeidung), was inzwischen dessen fester Bestandteil ist (vgl. Brunner 2011: 50).

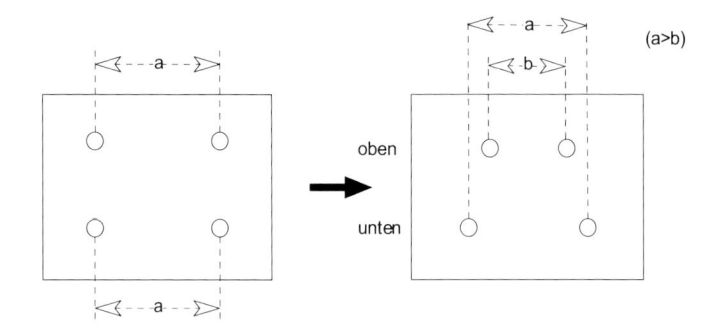

Abb. 4.7: Poka Yoke Beispiel zur eindeutigen Ausrichtung einer Abdeckung

Quelle: eigene Bearbeitung nach Brunner 2011: 50

Der traditionelle Ansatz zur Fehlervermeidung ist die Schulung von Mitarbeitern und die Kontrolle der Arbeitsergebnisse, wobei beides mit Kosten verbunden ist. Poka Yoke setzt beim Produktdesign an, um Teile mit einfachen Mitteln derart zu gestalten, dass Fehler bei der Assemblierung von vornherein ausgeschlossen werden (s. Abb. 4.7, vgl. Dvorak 1998: 182). Ein Alltagsbeispiel einer Poka Yoke Lösung ist die 3,5" Floppy, die durch ihre Konstruktion und jene der Laufwerksmechanik ein falsches Einsetzen unmöglich macht und den korrekten Sitz taktil wie auch akustisch rückmeldet (vgl. Dvorak 1998: 184).

4.7 Wertanalyse

Am Ende des zweiten Weltkriegs war die amerikanische Industrie darauf angewiesen, Produktionsengpässe und Materialknappheit durch erfinderische Innovationen auszugleichen. Die Geschäftsführung von General Electric bemerkte, dass diese notwendigen Änderungen einen günstigen Einfluss auf Kosten und Qualität der Produkte hatten und beauftragte 1947 Lawrence D. Miles, den damaligen Chefeinkäufer, ein Konzept zu finden, den Wert von Produkten gezielt zu verbessern. Nach fünf Jahren Forschung wurde die „Value Analysis" (später auch „Value Engineering") als neue Methode zur Kostensenkung entwickelt (vgl. Hoffmann 1994: 19f). Eine größere Verbreitung fand die Wertanalyse durch Klauseln für Zulieferer in US Regierungsaufträgen für Militär und Marine (vgl. Hoffmann 1994: 21f).

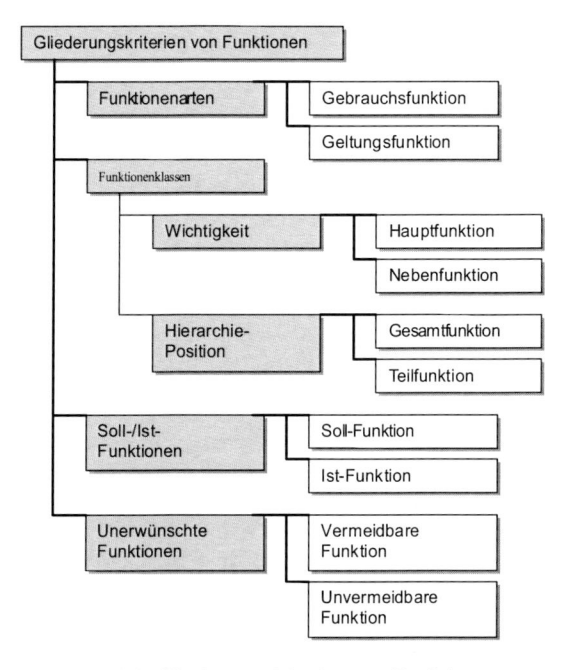

```
Gliederungskriterien von Funktionen
├── Funktionenarten
│   ├── Gebrauchsfunktion
│   └── Geltungsfunktion
└── Funktionenklassen
    ├── Wichtigkeit
    │   ├── Hauptfunktion
    │   └── Nebenfunktion
    ├── Hierarchie-Position
    │   ├── Gesamtfunktion
    │   └── Teilfunktion
    ├── Soll-/Ist-Funktionen
    │   ├── Soll-Funktion
    │   └── Ist-Funktion
    └── Unerwünschte Funktionen
        ├── Vermeidbare Funktion
        └── Unvermeidbare Funktion
```

Abb. 4.8: Gliederungskriterien von Funktionen

Quelle: Wohinz u.a. 2011: 30

Bei der Wertanalyse steht nicht das Produkt mit seinen Einzelteilen im Mittelpunkt, sondern seine Funktionen (s. Abb. 4.8), die es zu erfüllen hat (vgl. Wohinz u.a. 2011: 29). Die Funktionsarten werden oft mit dem Wertbegriff in Verbindung gebracht (vgl. Hoffmann 1994: 47), wobei wie schon bei Marx (vgl. Marx 1867: 2f) der

Gebrauchswert im Vordergrund steht. Die Hauptfunktion ist der eigentliche Grund der Existenz eines Produkts, die durch die Nebenfunktionen unterstützt werden (vgl. Hoffmann 1994: 63f). Natürlich gilt es, unnötige bzw. unerwünschte Funktionen zu vermeiden. Ein Merkmal der Wertanalyse ist das Vorgehen nach einem Arbeitsplan, in Europa wurde dieser zuletzt als EN12973 mit neun Meilensteinen standardisiert (vgl. Wohinz u.a. 2011: 35). Die Auswahl des Analyseobjekts erfolgt nach Aspekten von Strategie, Schwerpunkten, vor allem aber nach vorheriger ABC-Analyse hinsichtlich der Funktionskosten (vgl. Wohinz u.a. 2011: 52). Das Ergebnis der Analyse sind die anteiligen Funktionserfüllungsgrade mit deren Kosten, woraus sich gezielt die Maßnahmen zur Wertverbesserung ableiten lassen (vgl. Wohinz u.a. 2011: 66f).

Miles sieht die Eingliederung in die Organisation als Stabsstelle vor, in der sich ein oder mehrere Mitarbeiter gezielt mit der Wertverbesserung im Unternehmen beschäftigen (vgl. Miles 1989: 256ff), was aufgrund des Aufwands nur in größeren Unternehmen in diesem Umfang möglich ist.

4.8 Target Costing

Die Grundidee der retrograden Kalkulation ist grundsätzlich keine neue, japanische Erfindung. Schon in den dreißiger Jahren wurde der Volkswagen nach einem definierten Verkaufspreis von 990 Reichsmark entwickelt, u.a. wurden aus Kostengründen Seilzugbremsen anstatt der schon bekannten Hydraulikbremsen konstruiert. Der Unterschied liegt in der Konsequenz der Anwendung und Planung (vgl. Weber u.a. 2001: 179, Buggert u.a. 1995: 42). Als Konzept des Kostenmanagements wurde Target Costing aufgrund des aus der ersten Ölkrise 1973 entstandenen Kostendrucks von japanischen Unternehmen entwickelt, auch um die damals bekannten, aber autonomen Methoden des TQM, Value Engineering und Just in time effektiv zu integrieren und bereits in der Planungs- und Entwicklungsphase eines Produktes die Kostenbeeinflussungsmöglichkeiten aufzuzeigen (vgl. Buggert u.a. 1995: 41). In der traditionellen Kostenrechnung (s. 4.2) wird ermittelt, was ein Produkt kosten wird, im Zielkostenmanagement wird ermittelt, was ein Produkt kosten darf (vgl. Vollmuth 1997: 177). Vom Preis, der durch fundierte Recherchen des potentiellen Marktes zu gewinnen ist, werden Erlösschmälerungen und die angestrebte Gewinnmarge subtrahiert (s. Abb. 4.4), wodurch die zulässigen Kosten ermittelt werden. Die Gesamtzielkosten sind zu aggregiert um Maßnahmen einzuleiten, daher wurde ein Modell zur Zielkostenspaltung entwickelt, um die Zielkosten gemäß ihrem Beitrag zu den vom Kunden gewünschten Produktfunktionen auf Teile und Komponenten herunter zu brechen (vgl. Buggert u.a. 1995: 43).

rechts unten: Zielkostenindex		Teilgewichte (TG) der Produktfunktionen				Summe
		Schreiben		Ergonomie		
Kostenanteile (KA) der Komponenten	Gehäuse		10		50	
		20	2	50	1	70 %
	Mine		30		10	
		25	0,83	5	0,5	30 %
Summe		40 %		60 %		100 %

Abb. 4.9: Funktionskostenmatrix

Quelle: Preißner 2003: 85

Die Zielkostenspaltung wird am Beispiel eines Kugelschreibers, dessen gewünschter Kundennutzen den Schwerpunkt auf eine gute Schreibfähigkeit setzt, erläutert. Die Kaufentscheidung wird nach Ergonomie (60%) und Schreiben (40%) gewichtet. Er besteht aus zwei Teilen, Gehäuse mit 70% und Mine mit 30% Kostenanteil. Diese Daten werden in eine Funktionskostenmatrix (s. Abb. 4.9) eingetragen, die Teilgewichte zur Funktionserfüllung werden den Kostenanteilen zugeordnet. Aus dem Verhältnis von Kostenanteilen zu Teilgewichten ergibt sich der Zielkostenindex (vgl. Preißner 2003: 84ff).

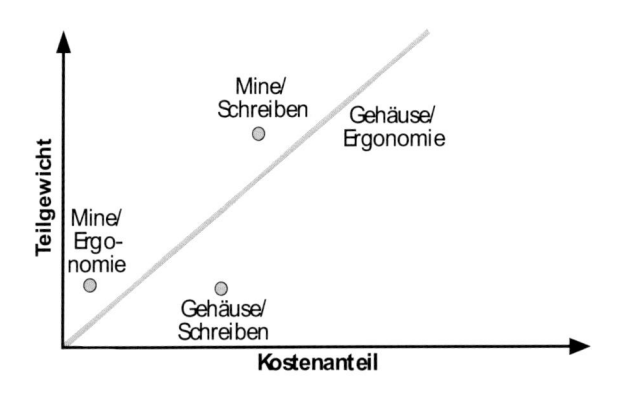

Abb. 4.10: Zielkostenkontrolldiagramm

Quelle: Preißner 2003: 86

Jeder ermittelte Zielkostenindex wird daraufhin in ein Zielkostenkontrolldiagramm (s. Abb. 4.10) eingetragen um zu überprüfen, ob die jeweiligen Funktionen von den Komponenten wirtschaftlich oder unwirtschaftlich erbracht werden. In diesem Beispiel besteht ein Kostenreduktionsbedarf bei der Komponente Gehäuse für die Erfüllung der Funktion Schreiben, die unwirtschaftlich eingesetzt wird (vgl. Preißner

2003: 86). Die Vorgehensweise gilt analog für weitaus komplexere Baugruppen.

4.9 Kano Modell

Noriaki Kano leitete 1978 das nach ihm benannte Modell aus der Analyse von Kundenwünschen ab. Für Techniken wie dem Target Costing (s. 4.6) ist es nötig, ein gewichtetes Anforderungsprofil an Produktfunktionen durch Kundenbefragung und Informationen aus Marketing, Service und Technik zu kombinieren. Dabei gibt es unterschiedliche Kategorien von Produktmerkmalen, die von Kano in Basis-, Leistungs-, und Begeisterungsfaktoren unterteilt wurden (vgl. Dinger 2002: 59, s. Abb. 4.11).

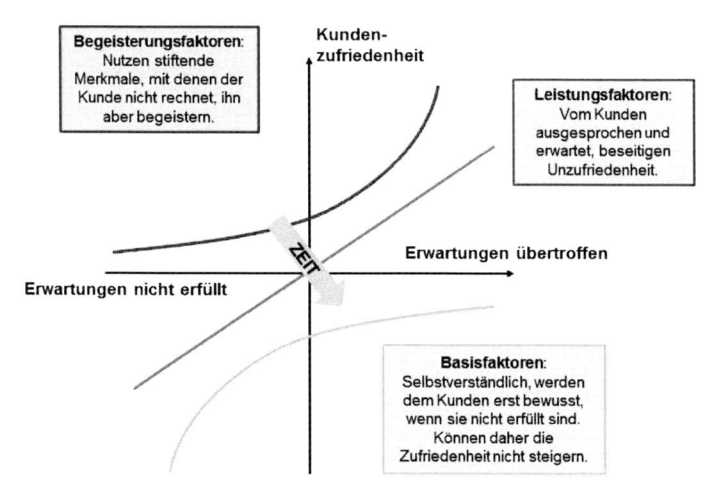

Abb. 4.11: Kano-Modell

Quelle: URL: http://www.inknowaction.com/blog/?p=897 [Stand: 14.05.2011]

Die Basisfaktoren sind unausgesprochene Kundenanforderungen, die selbstverständliche funktionale Mindeststandards darstellen, deren Fehlen zu überproportionaler Unzufriedenheit führt (vgl. Brunner 2010: 19), jedoch von Kunden kaum wahrgenommen werden. Bei Befragungen werden diese daher kaum erwähnt bzw. besonders hervorgehoben (vgl. Dinger 2002: 60). Schlüssel- bzw. Leistungsfaktoren sind ausgesprochene Kundenwünsche, die weitgehend proportional die Kundenzufriedenheit beeinflussen (vgl. Brunner 2010: 19). Die Bedingung ist jedoch die Erfüllung der Basisfaktoren. Leistungsfaktoren lassen sich durch Befragungen am besten bewerten, da sie dem Kunden bekannt sind und den größten empfundenen Nutzen darstellen (vgl. Dinger 2002: 61). Schrittmacher- bzw. Begeisterungsfaktoren sind unausgesprochene Kundenanforderungen, an welche der Kunde nicht denkt, die er jedoch erheblich positiv honoriert (vgl. Brunner 2010: 19). Schrittmacherfaktoren sind vor der Markeinführung im Allgemeinen nicht überprüfbar, da den Befragten die Erfahrungswerte zur Beurteilung der Funktionen fehlen (vgl. Dinger 2002:61).

Die Kategorisierung ist zeitabhängig (s. Abb. 4.11), im Markt erfolgreiche Schrittmacherfaktoren entwickeln sich im Zeitverlauf zu Schlüssel- und schließlich zu Basisfaktoren (vgl. Dinger 2002:62).

4.10 Benchmarking

Das Benchmarking ist eine von Robert C. Camp 1979 bei Xerox entwickelte Methode, bei der das eigene Unternehmen an führenden Industrieunternehmen gemessen wird. Ausganspunkt war, dass der japanische Konkurrent Canon seine Kopierer zu einem Preis verkaufte, der unter den eigenen Herstellkosten lag. Die Komponenten der Mitbewerbsprodukte wurden hinsichtlich ihrer Kosten mit den eigenen verglichen und daraus Maßnahmen abgeleitet (vgl. Siebert 2008: 11f). Die in der Folge entstandene Methode ist ein Prozess des kontinuierlichen Vergleichs von Erfolgsfaktoren des eigenen Unternehmens mit jenen von weltweit führenden Unternehmen hinsichtlich Effektivität, Produktivität, Qualität, Strukturen und Prozessen mit dem Ziel, die eigene Leistungsfähigkeit zu verbessern (vgl. Vollmuth 2008: 243). Die Kernidee ist die Nutzung vorhandener Problemlösungen zur Lösung eigener Aufgabenstellungen, der Ansatzpunkt ist die Suche nach Ähnlichkeiten mit erfolgreichen Unternehmen (vgl. Siebert 2008: 14). Diese Kernidee wurde bereits 1916 in der Einführung von Fließbändern bei Ford angewandt, als Henry Ford das Verfahren des Schweinetransports in einem Schlachthof an einer Einschienenhängebahn von Arbeiter zu Arbeiter studierte und dieses auf die Automobilproduktion übertrug (vgl. Siebert 2008: 10).

4.11 Quality Function Deployment (QFD)

Nachdem sich Japans Industrie vom Kopieren und Imitieren von Produkten nach dem zweiten Weltkrieg Ende der sechziger Jahre der Entwicklung eigener Produkte zuwandte, wurde dies zunächst nach der Methode von TQM (s. 4.3) realisiert. Bis 1965 war TQM das zentrale Qualitätsplanungswerkzeug, in erster Linie für Fertigungsbetriebe. Während des Wachstums der Automobilindustrie wurde erkannt, dass die Qualität in der Entwicklung einen großen Stellenwert hat, dazu jedoch keine Leitfäden existieren. Unternehmen, die bereits TQM Werkzeuge benutzten, erstellten diese erst nach dem Fertigungsstart neuer Produkte. 1966 entwickelte Yoji Akao aus Ideen der Bridgestone Tire Corp eine Tabelle, welche die Ableitung von Prozessfaktoren aus Qualitätsanforderungen vor Produktionsstart ermöglichte.

Der Ansatz wurde von einigen Unternehmen versuchsweise eingeführt, fand jedoch keine große Verbreitung. 1972 vervollständigte Akao sein Konzept mit einem Qualitätsdiagramm, das in der Werft der Mitsubishi Heavy Industries in Kobe entworfen wurde, um Kundenanforderungen in Relation zu Qualitätsmerkmalen zu stellen. Die Funktionsorientierung wurde schließlich von der Methode der Wertanalyse (s. 4.7) übernommen. Toyota führte QFD 1974 für die Entwicklung von Kleintransportern ein und konnte bereits im ersten Projekt die Anlaufkosten um 20% reduzieren, die Anzahl der Änderungen gingen um 50% zurück. 1978 erschien Akaos Buch zu QFD in Japan, ab 1983 machte er die Methode in den USA bekannt. Als erstes Unternehmen in den USA begann Ford mit der Anwendung des Verfahrens. Die heute bekannte Form des „House of Quality" (HoQ, s. Abb. 4.12) entstand bei Toyota während der Entwicklung des Vans „Ace" und wurde in dieser Form 1988 in einem Artikel von Don Clausing im Harvard Business Review in den USA vorgestellt. Diese Publikation gilt als die aktuellste QFD Abhandlung (vgl. Akao 1997: 1ff, Saatweber 2007: 29).

Das HoQ wird synchron zu den Planungsstufen eines Produkts in einer Planungskaskade mit vier Relationsstufen entwickelt, um Anforderungen mit Erfüllungen zu verknüpfen (was - wie Relationen). Ausgangspunkt sind die Kundenanforderungen aus denen die Qualitätsmerkmale abgeleitet werden. In den weiteren beiden Stufen ergeben sich die Design- und Prozessmerkmale und schließlich zum Ende der Entwicklung die Arbeits- und Prüfanweisungen zur Produktherstellung (s. Abb. 4.12). Die Kundenanforderungen als ausgesprochenes Merkmal definieren das Entwicklungsziel, diese werden typischerweise aus dem Kano Modell abgeleitet (s. 4.9). Qualitätsmerkmale sollen die interpretierbaren Eigenschaften beschreiben. Ein Designmerkmal ist die konstruktive Ausbildung welche aus dem Qualitätsmerkmal abzuleiten ist. Mit den Prozessmerkmalen folgt die Planung zur Herstellung des Produkts, durch die Arbeits- und Prüfanweisungen wird schließlich das Verfahren zum Erreichen des geforderten Qualitätsniveaus beschrieben (vgl. Klein u.a. 2001: 310).

In der Beziehungsmatrix (s. Abb. 4.12) werden die Beziehungen zwischen gewichteten Anforderungen und Lösungen dargestellt und mit der Stärke des Bezugs bewertet. Das „Dach" dient zur Bestimmung der Wechselwirkungen (Verstärkung oder Behinderung) einzelner Lösungen. Interpretiert wird die Matrix zeilen- bzw. spaltenweise. Wenige Einträge in einer Zeile zeigen wenige Lösungsmöglichkeiten, bei gering gefüllten Spalten ist die Lösung ggf. überflüssig. Bei vielen Einträgen in Zeilen oder Spalten sind die Anforderungen bzw. Lösungen zu allgemein und müssen weiter untergliedert werden. Die Matrix wird mit anderen Konzepten bzw.

Mitbewerbslösungen verglichen (Benchmarking, s. 4.10), um Erfüllungsgrade und Wettbewerbsfähigkeit zu bestimmen (vgl. Klein u.a. 2001: 311f).

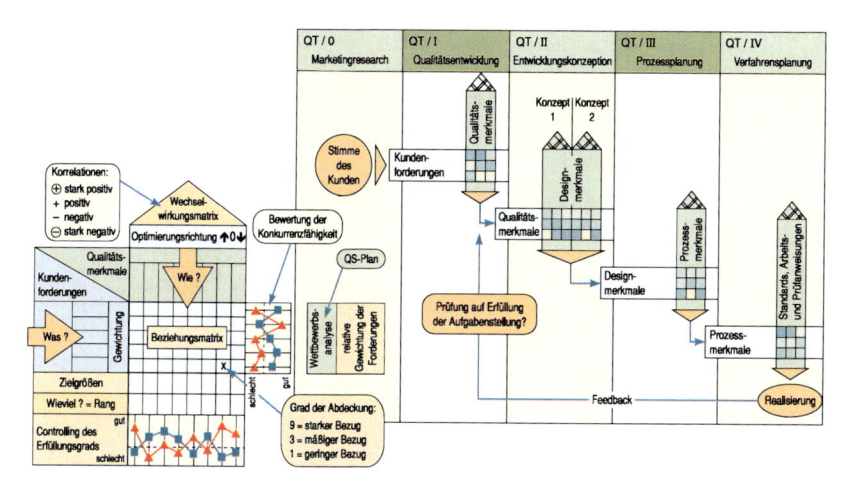

Abb. 4.12: House of Quality Kaskade mit Qualitätstableaus
Quelle: Klein u.a. 2001: 308, 309

QFD und Target Costing ähneln sich in ihrer Systematik in vielen Punkten. Der Unterschied sind die Zielsetzungen, welche bei QFD die Qualität und bei Target Costing die Zielkosten sind (vgl. Dinger 2002: 82).

4.12 Six Sigma

Der Erfolg japanischer Unternehmen nach der Einführung von TQM (s. 4.3) führte Ende der siebziger Jahre zu einer zunehmenden Popularität der Methoden in den USA (vgl. Furterer 2011: 39). 1985 wendete Motorola 20% seiner jährlichen Erträge für die Korrektur minderwertiger Qualität auf und wurde mit zunehmender Kundenunzufriedenheit konfrontiert. Um mit japanischen Unternehmen konkurrieren zu können legte der Produktionsbereich von Motorola ein auf TQM basierendes Verbesserungskonzept mit dem Titel „Six Sigma Mechanical Design Tolerancing" vor, das zum Ziel hatte, das bestehende Leistungsniveau von vier Sigma innerhalb von fünf Jahren auf sechs Sigma zu steigern. Es wurde in der Folge Wert darauf gelegt, dass sich das Management zum Engagement für Six Sigma verpflichtet und die Mitarbeiter dazu bringt, die Methoden anzunehmen. 1991 konnten bereits 700 Mio. Dollar an Herstellkosten eingespart werden (vgl. Tavasli 2009: 29).

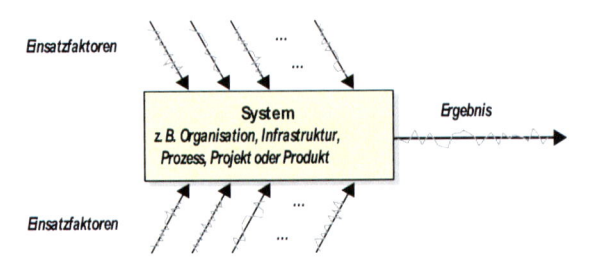

Abb. 4.13: System mit Variation

Quelle: Kroslid u.a. 2003:16

Kernelement von Six Sigma ist, in Prozessen Variationen zu minimieren und damit Durchlaufzeiten und den Nutzungsgrad von Einsatzfaktoren zu verbessern (vgl. Tavasli 2009: 28, s. Abb. 4.13). Variationen treten aufgrund allgemeiner, nicht ohne Designänderungen zu umgehender Umstände, wie auch wegen einfach zu identifizierenden Ursachen auf. Einfache Verbesserungsprojekte wie z.B. KVP (s. 4.5) behandeln meist nur die letztere Art von Variationen (vgl. Kroslid u.a. 2003: 16). Breakthrough-Verbesserungen erreicht man jedoch nur durch Behandlung beider Arten von Variationen bzw. durch das Finden von Wegen, die das System weniger anfällig für Variationen in den Einsatzfaktoren machen. Variationen führen zu Zusatzkosten, die umso höher sind, je weiter der tatsächliche Wert vom Ziel abweicht (vgl. Kroslid u.a. 2003: 17).

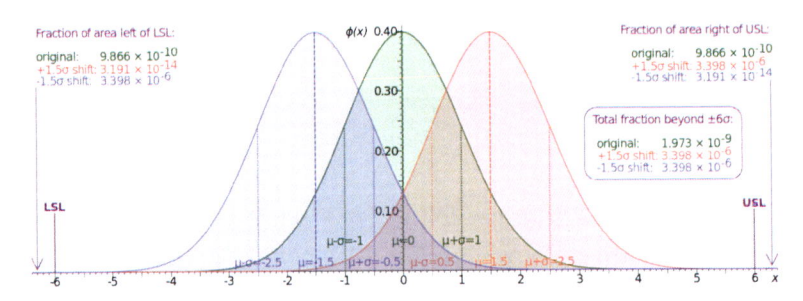

Abb. 4.14: Standardabweichung mit Mittelwertverschiebung bei Six Sigma

Quelle: URL: http://en.wikipedia.org/wiki/File:6_Sigma_Normal_distribution.svg [Stand: 02.01.2012]

Ein Begriff aus der Statistik und Wahrscheinlichkeitsrechnung ist die Standardabweichung, die ein Maß für die Streuung der Werte einer Zufallsvariable um ihren Erwartungswert ist (vgl. Renn 2003: 12). Der griechischen Buchstabe Sigma (σ) beschreibt die Standardabweichung dieser Gaußschen Normalverteilung (vgl. Dahm u.a. 2011: 22). Nach Six Sigma entspricht der Mittewert dem Erwartungswert eines Prozesses. Erklärtes Ziel ist eine Fehlerquote von kleiner 3,4 Fehlern pro einer Million Fehlermöglichkeiten, dabei liegen 99.999966% der Gutteile innerhalb

6σ (untere/obere Spezifikationsgrenze bzw. lower/upper specification limit = LSL/USL) bei einer Mittelwertverschiebung von ±1,5σ (vgl. Töpfer 2004, s. Abb. 4.14).

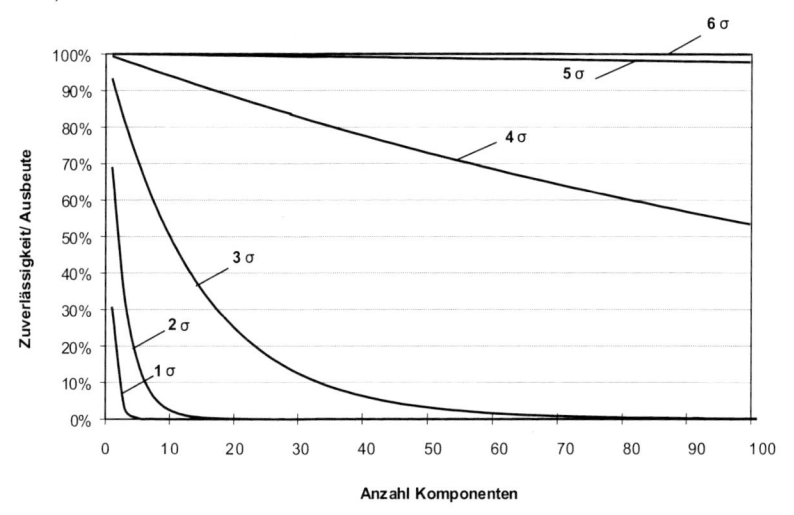

Abb. 4.15: Zusammenhang zwischen Komplexität und Prozessausbeute

Quelle: Töpfer 2004: 18

Betrachtet man die Variation bei komplexen Produkten, betreffen die Fehlermöglichkeiten die Summe aller Bauteile und Montageschritte. Bei einem Qualitätsniveau von 4σ (99,4%) beträgt die Prozessausbeute bei 10 Komponenten 94,2% (3,1σ), bei 100 Komponenten nur mehr 54,8% (1,6σ). Bei einem Qualitätsniveau von 6σ und 100 Komponenten ist eine Prozessausbeute von 99,97% (5σ) zu erreichen (vgl. Töpfer 2004: 18, s. Abb. 4.15).

Charakteristisch für ein Six Sigma Projekt ist die Abarbeitung nach dem DMAIC Zyklus (s. Abb. 4.16). Ausgangspunkt sind die Fragen nach dem Verbesserungspotential, dem Einfluss auf die Geschäftsergebnisse und wie dies auf systematische und effektive Weise realisiert werden kann (vgl. Kroslid u.a. 2003: 65). Jede Phase des Zyklus wird mit einem Meilenstein, oft „Tollgates" genannt, abgeschlossen (vgl. Kroslid u.a. 2003: 66).

In der Definitionsphase geht es darum, Projekte mit Verbesserungsmöglichkeiten zu identifizieren, Messwerte aufgrund von Daten z.B. aus dem Kano Modell (s. 4.9) zu bestimmen und die Zielsetzungen und Meilensteine zu definieren (vgl. Kroslid u.a. 2003: 73). Der Zyklus des Messens beginnt mit der Identifizierung der Einflussfaktoren und welche Auswirkungen sie auf das Ergebnis haben. Je nach Art des Merkmals können unterschiedliche Stichprobengrößen, Messintervalle und Erfassungsdauern sinnvoll sein. Strukturiert wird die Datenerfassung in einem Messplan (vgl. Kroslid u.a. 2003: 79). Die Messergebnisse werden darauf hinsichtlich der Verteilung und Standardabweichung zu den Sollwerten analysiert, daraus lässt sich ableiten, bei welchen Einflussfaktoren Handlungsbedarf besteht (vgl. Kroslid u.a. 2003: 80). Dafür sind Verbesserungsziele festzulegen die der Entwicklung von Lösungen dienen. Die vorgeschlagen Lösungen sind einer Kosten-/Nutzenanalyse, d.h. Projektkosten vs. Kosteneinsparungen zu unterziehen und miteinander zu vergleichen. Darauf folgt die Umsetzung der Lösung mit der besten Bewertung (vgl. Kroslid u.a. 2003: 81f). In der Kontrollphase ist jedes Ergebnis in Abhängigkeit der veränderten Einflussfaktoren auf Zielerreichung zu prüfen, die Kosteneinsparungen sind zu bewerten und schließlich müssen die erreichten Ergebnisse dokumentiert und im Unternehmen verankert werden (vgl. Kroslid u.a. 2003: 84f).

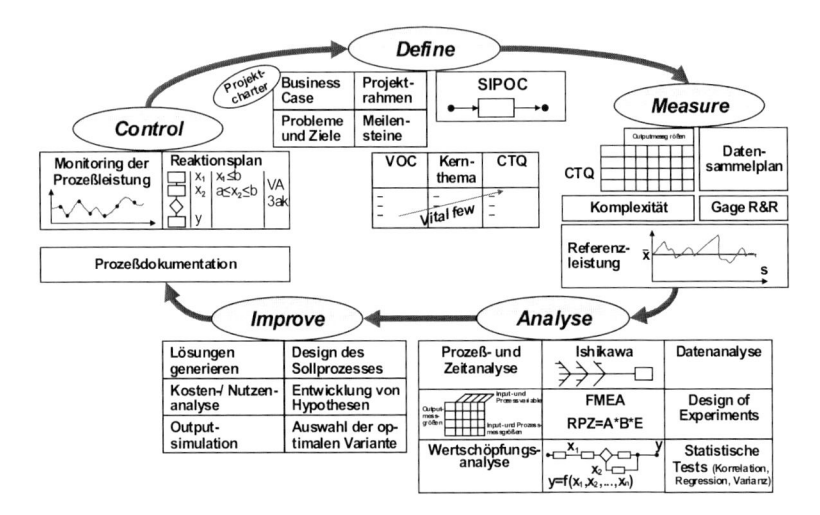

Abb. 4.16: Phasen und Inhalte des DMAIC Zyklus

Quelle: Töpfer 2004: 21

Der Six Sigma DMAIC Zyklus ähnelt zum Teil dem Kaizen PDCA Zyklus (s. Abb. 4.6). Der PDCA „Plan" Phase entsprechen die ersten drei DMAIC Phasen bis zu den ersten Schritten der „Improve" Phase, deren Abschluss in der „Do" Phase abgebildet wird. In „Control" spiegeln sich „Check und „Act" wider. Die Unterschiede sind, dass ein DMAIC Zyklus üblicherweise ein abgeschlossenes Projekt beschreibt, während ein PDCA Zyklus mehrmals durchlaufen wird. PDCA bietet mehr Spielraum als DMAIC und kann dadurch flexibler an andere Aufgabenstellungen angepasst und skaliert werden, außerdem ist PDCA leichter zu erlernen und ermöglicht die Anwendung durch eine größere Anzahl von Mitarbeitern. Weiters steht bei PDCA das Reflektieren und Lernen verstärkt im Vordergrund (vgl. Bayer 2008).

Bei Six Sigma werden die Mitarbeiter im Unternehmen durch die Zuweisung von bestimmten Rollen und Verantwortlichkeiten mit einbezogen, als Bezeichnung der Rollen hat sich das aus dem Kampfsport übernommene Gürtelsystem etabliert. An der Spitze steht üblicherweise ein Champion, welcher aus der Unternehmensleitung heraus die Ziele vorgibt. In der nächsten Ebene stehen die Master Black Belts, die für die Ausbildung im Unternehmen verantwortlich sind. Die Black Belts sind die Vollzeit tätigen Verbesserungsexperten. Green Belts sind die aktiv mitwirkenden Meister und Ingenieure, auf der ausführenden Ebene arbeiten die White Belts (vgl. Kroslid u.a. 2003: 32).

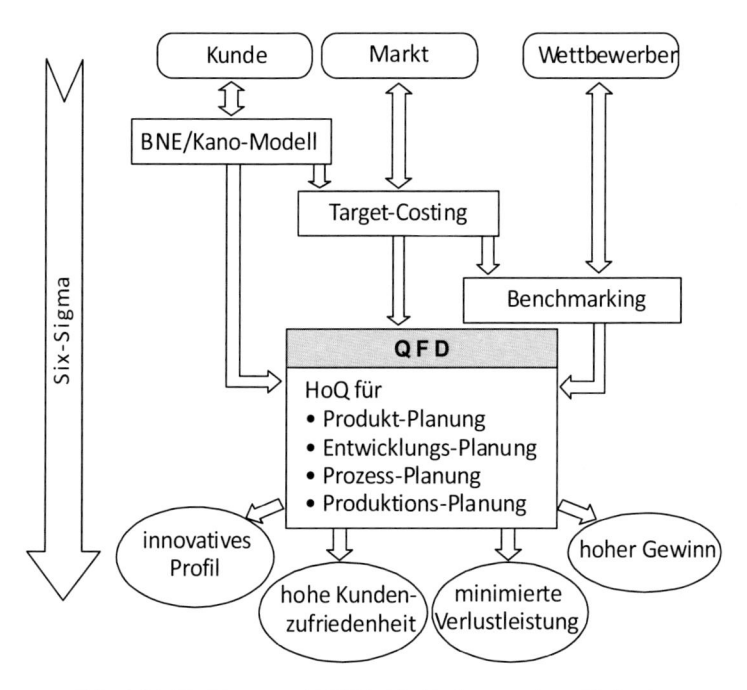

Abb. 4.17: Six Sigma und QFD in Verbindung anderer Methoden

Quelle: Klein 2012: 4

Six Sigma bettet die in 4.7-4.11 genannten Methoden ein. Im Vordergrund steht die Verbesserung der Geschäftsprozesse durch Beschreibung, Messung, Analyse und Maßnahmen auf statistischer Basis, sowie dem Bezug zur Stimme des Kunden (vgl. Klein 2012: 5, s. Abb. 4.17).

5 Integrationsansatz in der Praxis

Als Zwischenfazit aus Kapitel 4 kann man ziehen, dass die in der Literatur beschriebenen, als Best Practice bezeichneten japanischen Managementansätze (vgl. Dahm u.a. 2007: 157), aus den USA nach Japan exportiert, dort in erster Linie bei Toyota verfeinert, zum TPS weiterentwickelt wurden und unter diesem Vorzeichen später internationale Bekanntheit erlangten. Zu erkennen ist jedoch, dass diese Entwicklungen in einer Zeit potentieller Unsicherheit nach dem zweiten Weltkrieg entstanden, was gewissermaßen die Rationalität der Systeme begründet (vgl. Dirks 1996: 351). Die ersten Ansätze des TPS wurden schon vor über 60 Jahren entwickelt, die letzte Evolutionsstufe der jüngsten Methode, das QFD (s. 4.11), entstand vor mittlerweile 25 Jahren. Gleichen Alters ist heute Six Sigma. Der steigende Yen-Kurs (s. Abb. 2.20), die ebenso wie in Europa und Nordamerika vergleichsweise hohen Lohnkosten und die hohe Anhängigkeit von Importen sind heute wiederum ein Wettbewerbsnachteil für Japan. Die klassischen japanischen Methoden wurden mittlerweile in vielen anderen Ländern kopiert und zum Teil verbessert, die heute noch langen Entscheidungsprozesse im Konsensmanagement sind zunehmend ein Hemmnis in Zeiten sich rasch verändernder Marktsituationen. Die ehemaligen Lehrmeister sind nun mehr denn je gefordert (vgl. Dirks 1996: 359f), die in jüngerer Vergangenheit in den Medien präsenten Rückrufaktionen von Toyota zeugen davon, dass auch das TPS nicht unfehlbar ist.

Die japanischen Managementansätze haben ihre Vor- und Nachteile. Entscheidend für den Erfolg mittelständischer Unternehmen in Europa ist nicht der Einsatz bestimmter Tools oder Ansätze, sondern die Weiterentwicklung der Philosophien, ausgerichtet an der eigenen Unternehmensphilosophie und -kultur. Dafür können Teile von allen Methoden eingesetzt und zu einem eigenen, auf das Unternehmen optimal abgestimmten Ansatz, kombiniert werden (vgl. Dahm 2007: 162f).

5.1 Das Qualitätsmanagementsystem ISO 9000ff

Mit dem im Jahr 1979 herausgegebenen BS 5750 schuf die BSI den ersten Standard für Qualitätsmanagementsysteme, auf dessen Basis 1987 die ISO 9000 Normenreihe eingeführt wurde, nach der heute über einer Million Unternehmen in 178 Länder zertifiziert sind (vgl. BSI 2012, Laurent 2012). Die Motivation für eine Zertifizierung ist die Bewertung bzw. der Nachweis der Wirksamkeit des Qualitätsmanagementsystems (QMS), was gegenüber mehreren Kunden Vertrauen in das QMS durch nur ein Audit bewirkt, wie auch der Druck durch den Markt, wenn Kunden keine Aufträge mehr an nicht zertifizierte Lieferanten vergeben (vgl. Brauer

2009: 10). Die Grundlage eines modernen QMS ist die zentrale Erkenntnis, dass Qualität nicht in Produkte „hineinkontrolliert" werden kann sondern „hineinkonstruiert" und „hineinproduziert" werden muss (vgl. Brauer 2009: 8). Der Gedanke dabei ist, dass Produkteigenschaften tatsächlich den Anforderungen des Kunden genügen, was durch geeignete Anweisungen, Kontrollen und Messungen sichergestellt werden muss. Zum QMS werden diese Maßnahmen in einer entsprechenden Aufbau- und Ablauforganisation integriert. In der ISO 9000 wird der Rahmen eines QMS abgesteckt, die eigentlichen Forderungen sind Inhalt der ISO 9001, ebenso wie ein QMS normkonform einzuführen und im Sinne von kontinuierlicher Verbesserung weiterzuentwickeln ist. Aufbauend auf letztere stellt die ISO 9004 einen Leitfaden für die Leistungsverbesserung im Unternehmen bereit, die die Wirksamkeit und Wirtschaftlichkeit eines QMS betrachtet und ein umfassendes QMS im Sinne von TQM (s. 4.3) beschreibt. Die ISO 9004 ist jedoch im Gegensatz zur ISO 9001 nicht zertifizierbar (vgl. Brauer 2009: 8, 15).

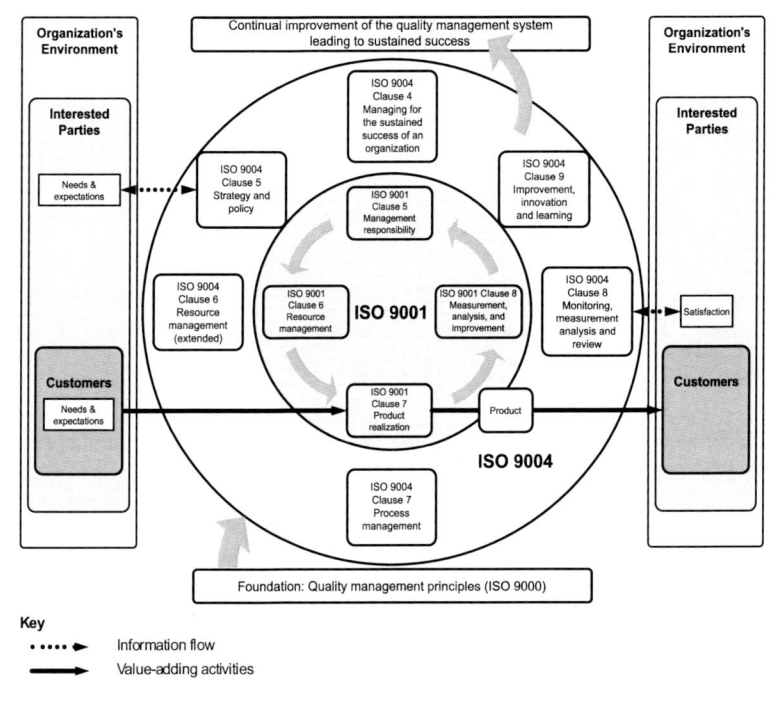

Abb. 5.1: erweitertes, prozessbasiertes QMS-Modell der ISO 9004

Quelle: ISO 9004: V

Die Basis für die Einführung eines QMS ist die Festlegung qualitätsbezogener, messbarer und realisierbarer Unternehmensziele durch die oberste Leitung, die stufenweise auf die einzelnen Hierarchieebenen heruntergebrochen werden, was in Abstimmung mit den betroffenen Mitarbeitern nach dem Konsensprinzip erfolgen sollte (vgl. Brauer 2009: 16). In der ISO 9004 (bzw. auch in der ISO 9001) ist in der Einleitung ein Prozessmodell abgebildet, das die Orientierung der Norm an den im Unternehmen real ablaufenden Prozessen darstellt (s. Abb. 5.1). Die Kernaufgabe des Unternehmens ist darin in einem Regelkreis zwischen eingehenden Kundenanforderungen und der angestrebten Kundenzufriedenheit dargestellt, in der ISO 9004 im erweiterten Sinne im Zusammenhang aller am Prozess beteiligten. Die erfolgreiche Umsetzung des Regelkreises führt zum angestrebten Ziel der ständigen Verbesserung (vgl. Brauer 2009: 28), die Anwendung erfolgt nach dem Prinzip des PDCA-Zyklus (vgl. Brauer 2009: 30, s. 4.5).

Der Regelkreis beginnt mit der Verantwortung der Leitung für die Steuerungsaufgaben im Unternehmen hinsichtlich Vorgabe des Leitbildes, der Strategie der Kundenorientierung, Qualitätspolitik, Planung, Verteilung von Verantwortlichkeiten und Befugnissen, sowie der Bewertung des Managementsystems (vgl. Brauer 2009: 61). Im Management von Ressourcen muss sichergestellt, werden, dass das Personal befähigt ist seine Leistungen zu erbringen, dies ist durch permanente Aus- und Weiterbildung zu ermöglichen weiters ist die Infrastruktur für eine optimale Arbeitsumgebung zu definieren und aufrecht zu erhalten (vgl. Brauer 2009: 73). Der umfassendste Teil des Regelkreises ist jener der Produktrealisierung, der sämtliche Prozesse zur Erbringung von Leistungen umfasst. Dies beginnt bei der Produktentwicklung, bei der die Kundenanforderungen erfasst, auf Machbarkeit überprüft und nach klaren Vorgaben in festgelegten Phasen mit periodischer Überprüfung abgearbeitet werden. Die Lieferanten für Fremdfertigungs- und Zukaufteile müssen sorgfältig ausgewählt und deren Lieferungen und Leistungen dahingehend bewertet werden, ob sie fehlerfrei und geeignet sind. Die Identifikation sämtlicher im Leistungsprozess befindlicher Teile muss zu jedem Zeitpunkt gewährleistet sein. Die eingesetzten Mess- und Prüfmittel müssen zuverlässig funktionieren und zyklisch überprüft werden (vgl. Brauer 2009: 80). Nicht weniger wichtig ist der letzte Punkt der Messung, Analyse und Verbesserung. Dazu gehören Prozesse zur Messung der Produktqualität, Kundenzufriedenheit, sowie die Erfassung von (potentiellen) Fehlern und deren Ursachen um Verbesserungs- und Vorbeugungsmaßnahmen abzuleiten. Zur Analyse gehören Maßnahmen, um die Wirksamkeit des QMS zu beurteilen (vgl. Brauer 2009: 109). Die Suche nach Verbesserungen einschließlich der Kosten soll ständig aktiv betrieben und nicht darauf gewartet werden, bis aufgetretene Fehler oder die Wettbewerbssituation dazu zwingen. Zu den Methoden zur

Vorbeugung gehören Risikoanalysen, Trendanalysen, die statistische Prozesslenkung, aber auch QFD und Benchmarking (vgl. Brauer 2009: 122).

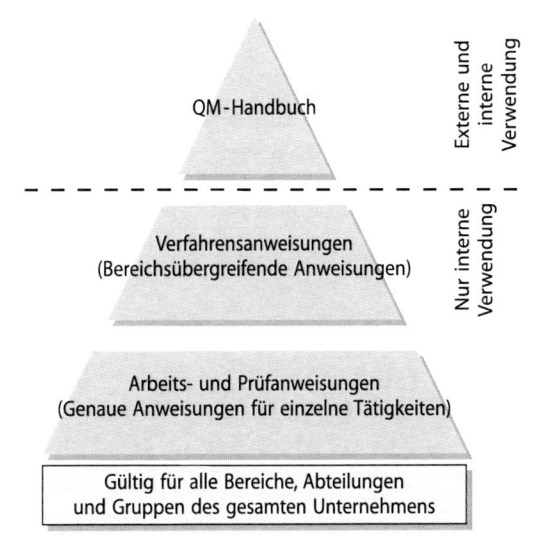

Abb. 5.2: Schema der Dokumentation in einem QMS

Quelle: Brauer 2009: 38

Die Dokumentation im QMS wird zweckmäßigerweise in drei Ebenen unterteilt (s. Abb. 5.2). Auf der obersten Ebene sind die Hauptprozesse eingegliedert, die einen Überblick über die groben Abläufe im Unternehmen geben und zur Vertrauensbildung an Kunden weitergegeben werden können. Bis zur untersten Ebene werden die Beschreibungen für Verfahren und Arbeitsabläufe immer feiner untergliedert, um sie arbeitsplatzbezogen oder abteilungsübergreifend einsetzen zu können (vgl. Brauer 2009: 39). Die Norm fordert, dass die Dokumentation eine wirksame Planung, Durchführung und Lenkung der Prozesse, wie auch sämtlicher Aufzeichnungen sicherstellt (vgl. Brauer 2009: 47, 52).

Betrachtet man die Forderungen und vorgeschlagenen Methoden aus der Normenreihe ISO 9000ff, so ist zu erkennen, dass viele Teile der eigenständigen japanischen Managementansätze, die zum Teil im TPS vereinigt wurden, hier eine zeitgemäße Kombination finden. Die Grundaussagen der ISO 9001, vor allem aber der ISO 9004, basieren auf den Ansätzen des TQM (s. 4.3). Ressourcenmanagement und die Produktrealisierung enthalten die Kernelemente zur Fertigungssteuerung und Produktkennzeichnung vom TPS und Kanban (s. 4.4). Die Erfassung der Kundenwünsche spiegelt die Vorgehensweise des Kano-Modells (s. 4.9) wider, die Entwicklungsphasen in der Produktrealisierung mit deren Verifizierung hat viele

Gemeinsamkeiten mit der Planungskaskade des QFD (s. 4.11), ohne jedoch dessen spezifische Bewertungsmatrix zu übernehmen, deren Umsetzung für einfachere Projekte, vor allem in mittelständischen Unternehmen ohne eigene projektspezifische Organisation, ohnehin zu aufwändig wäre. Die kontinuierliche Verbesserung verwendet als Grundmodell den in Kaizen verwendeten PDCA-Zyklus (s. 4.5) und ist in ähnlicher Form beschrieben. Es wird zwar auf Produktverbesserungen hingewiesen, der direkte Bezug ist jedoch allgemein gehalten (vgl. ISO 9004 2009: 7), schließt in der ISO 9004 jedoch auch Zulieferer mit ein (vgl. ISO 9004 2009: 8). Die in der ISO 9001 beschriebene Analyse der Prozesse mit statistischen Methoden und die daraus abgeleiteten Verbesserungen baben wiederum ihre Gemeinsamkeiten mit Six Sigma (s. 4.12), allerdings ohne eine Gewichtung, d.h. ein absolutes Maß der zulässigen Variationen wie in Six Sigma, vorzuschlagen. Da die DMAIC und PDCA-Zyklen ebenso Gemeinsamkeiten in der Ausführung besitzen, PDCA jedoch einfacher ist (s. 4.12), kann man weiters feststellen, dass Six Sigma in einer vereinfachten Form in die ISO 9000ff integriert ist. Gerade in mittelständischen Unternehmen wäre die Umsetzung des hierarchisch gegliederten Belt-Systems von Six Sigma wegen der eingeschränkten personellen Ressourcen gar nicht möglich. In der Fehlervermeidung sind in den Planungsinstrumenten die Ideen von Poka Yoke (s. 4.6) zu erkennen, das Benchmarking (s. 4.10) wird im Zuge der Analyse qualitätsrelevanter Daten und Statistiken vorgeschlagen.

Zusammenfassend zur ISO 9000ff ist festzustellen, dass gerade kleine und mittlere Unternehmen, die durch den Druck des Marktes ohnehin zur Zertifizierung gezwungen werden, in der Normenreihe, zumindest hinsichtlich der Qualitätssysteme, eine moderne und branchenunabhängige Kombination, unter anderem japanischer Managementansätze finden, bei denen die Unternehmensleitung je nach Marktanforderung bestimmte Schwerpunkte setzen kann. Eine separate Einführung von bestimmten Methoden ist daher nicht nötig, der Name der japanischen Methoden kann aber u.U. als interner „Marketingbegriff" für diese Schwerpunkte verwendet werden, außerdem bietet sich an, bestimmte Vorgehensweisen und Bewertungstechniken zu übernehmen, die in der Norm nicht näher spezifiziert sind. Zu beachten ist dabei, dass sich einzelne Unternehmensteile auf gemeinsame Methoden einigen, und nicht unterschiedliche, sich überschneidende Philosophien gelebt werden, was zu deren ineffizienten Einsatz führen würde (vgl. Wildemann 2007: 12). Gegenüber den in der Literatur behandelten Ansätzen werden die Normen ständig überarbeitet und an aktuelle Gegebenheiten angepasst, die aktuellen Fassungen sind gerade drei (ISO 9004) bzw. vier (ISO 9001) Jahre alt und sind zudem nicht auf Großunternehmen der Automobilbranche fokussiert. Was in den Normen jedoch fehlt, bzw. nicht ausreichend behandelt wird, ist die Kostenplanung für neu zu entwickelnde und bestehende Produkte, die weiterhin gesondert betrachtet und im Unternehmen entsprechend verankert werden muss.

Tabelle 5.1: Top 10 Staaten nach ISO 9001 Zertifikaten

Quelle: Laurent 2012

	Top 10 countries for ISO 9001 certificates - 2011	
1	CHINA	328213
2	ITALY	171947
3	JAPAN	56912
4	SPAIN	53057
5	GERMANY	49540
6	UNITED KINGDOM	43564
7	INDIA	29574
8	FRANCE	29215
9	BRAZIL	28325
10	REPUBLIC OF KOREA	27284

International gesehen sieht man sowohl bei der absoluten Verbreitung (s. Tabelle 5.1), als auch bei den Wachstumsraten (s. Tabelle 5.2), dass sich außer in Europa verstärkt Unternehmen in Schwellenländern ISO 9001 zertifizieren lassen. Neben China ist in dieser Statistik Italien mit seinem vergleichsweise hohen Anteil an mittelständischen Unternehmen auffällig. Unternehmen aus den USA sind gemessen an der wirtschaftlichen Bedeutung mit knapp 26.000 Zertifizierungen (vgl. Laurent 2012) vergleichsweise gering. Obwohl die bekannten Managementansätze in Japan ihren Ursprung haben, hat sich die Zertifizierung nach ISO 90001 dort bereits stark durchgesetzt.

Tabelle 5.2: Top 10 Staaten nach Wachstum an ISO 9001 Zertifikaten

Quelle: Laurent 2012

	Top 10 countries for ISO 9001 growth - 2011	
1	ITALY	33055
2	CHINA	31175
3	ROMANIA	3205
4	VIET NAM	2743
5	REPUBLIC OF KOREA	2506
6	MALAYSIA	2143
7	COLOMBIA	2099
8	SINGAPORE	1710
9	BRAZIL	1662
10	SERBIA	1078

5.2 Anpassung an die wirtschaftlichen Veränderungen

Nach dem zweiten Weltkrieg gab es sowohl im Westen als auch in Japan einen starken sekundären Sektor und einen hohen Anteil an industrieller Produktion. Bis heute hat der tertiäre Sektor als auch der Anteil tertiärer Berufe im sekundären Sektor stark zugenommen (s.2.2.1). Ein Grund für den sinkenden Anteil im sekundären Sektor ist in den geringeren Faktorkosten in anderen Ländern (s. 2.4.1) bzw. in der neuen, vernetzten Arbeitsteilung (vgl. Wildemann 2003: 2) zu finden, die zusammen mit Verlagerungsaktivitäten (s. 2.2.2) zu sinkenden Wertschöpfungstiefen (s. 2.3) führen. Die demografischen Entwicklung (s. 2.2.3) bewirkt, dass zunehmend mehr älteres Personal mit höherem Einkommen, jedoch geringerer körperlicher Produktivität (s. Abb. 2.9, vgl. Dirks 1996: 340f) am Arbeitsmarkt verfügbar sein wird, das sich allerdings aufgrund von Erfahrung und sozialer Kompetenz (s. 2.2.3 und Abb. 2.10 tendenziell besser für koordinierende Aufgaben eignet.

Die Volksrepublik China als low-cost Produzent europäischer Unternehmen wird in den nächsten Jahren neben dem für Exporte schlechteren Wechselkurs vor allem aufgrund steigender Einkommen (s. 0) welche durch die konsequente Wachstumspolitik der Zentralregierung (s. 2.5.2) getrieben werden an Stellenwert verlieren, der Armutsanteil ist mittlerweile sogar geringer als jener in den USA (vgl. Seinitz 2012: 7). Verstärkt wird die Entwicklung außerdem durch die zunehmende Verteuerung der globalen Transporte (s. **Fehler! Verweisquelle konnte nicht gefunden werden.**), steigende Kosten durch massive Umweltprobleme (s. 2.4.4) und die Verknappung an Rohstoffen (s. 2.4.3). Letztere wird zu einer steigenden Nachfrage nach Arbeitskräften im sekundären Sektor, dem Bergbau führen, dieser kann u.U. einen Teil der in anderen sekundären Bereichen freigesetzten Arbeitskräfte aufnehmen, die in tertiären Berufen keine Verwendung finden (s. 2.2.2). Diese Entwicklung kann eine Chance für spezialisierte mittelständische Unternehmen sein, um bestimmte Produktionstätigkeiten zu übernehmen. Die steigende Anzahl an Direktinvestitionen chinesischer Unternehmen in Europa, die vor allem im Dienstleistungsbereich erfolgen (s. 2.5.4), werden einen weiter steigenden Anteil des tertiären Sektors zur Folge haben und ergeben ebenso eine Chance, spezifische Dienstleistungen und Produkte anzubieten (vgl. Tirpitz u.a. 2011: 33). Die Volksrepublik China wird sich in den nächsten Jahren wieder zur einstigen Großmacht entwickeln (s. 2.5.1) und in kürzerer Zeit einen ähnlichen Wandel zur Dienstleistungsgesellschaft vollziehen, wie die Länder in Europa seit dem zweiten Weltkrieg (s. 2.1).

Die zunehmenden Zukäufe und Fusionen von Großunternehmen bewirken, dass sie über die ganze Wertschöpfungskette hinweg die Preise bestimmen können. Kleine und mittlere Unternehmen kommen daher in die Situation, Netzwerke und Partnerschaften eingehen zu müssen, um die ganze Wertschöpfungskette anbieten zu können bzw. zu kontrollieren und Synergien zu nutzen (s. Wildemann 2003: 1). Aus diesem Zwang ergibt sich die oben erwähnte internationale Arbeitsteilung in Netzwerken mit sinkenden Wertschöpfungsanteilen. Jede Volkswirtschaft kann durch internationalen Güteraustausch Wohlstand gewinnen. Die Arbeitsteilung in verschiedenen Ländern ermöglicht die Expansion im gleichen Wirtschaftssektor, jedoch in einem anderen Produktsegment. Die Produktion in Industrieländern ist durch höhere Qualifikation der Mitarbeiter, innovative Technologien und der daraus resultierenden höheren Produktivität intensiver an Humankapital. Nach dem Prinzip der Arbeitsteilung (s. 3.1) ist der Wert der in den Industrieländern gefertigten Exportgüter gegenüber den Importgütern aus Entwicklungsländern höher. Die Aufgaben in den Netzwerken sind, die Kompetenzen der Teilnehmer zu bündeln und die internationale Arbeitsteilung unter Minimierung der Transaktionskosten zu orchestrieren (vgl. Wildemann 2003: 2, Wildemann 2007: 12).

Der Trend in den Unternehmen geht, ausgehend von oben genannten Einflüssen in die Richtung, dass immer weniger selbst produziert, jedoch immer mehr koordiniert werden muss. Weiteren Koordinationsaufwand erfordert die konsequente Umsetzung einer ISO 9001 Zertifizierung (s. 5.1), die Integration von Auflagen für z.B. Umweltschutz (s. 2.4.4) und die Einführung neuer Managementsysteme. Es ist z.B. abzusehen, dass ein nach ISO 14001 (s. ISO 14001 2009) zertifiziertes Umweltmanagementsystem in wenigen Jahren ebenso wichtig sein wird wie ISO 9001. Die demografische Entwicklung ist für die künftigen Aufgaben im Unternehmen nicht hinderlich, es erfordert jedoch neue Ansätze zur Wissens- und Weiterbildung. Durch die grundsätzlichen kulturellen Unterschiede und dem Zugang zum Lernen wird dies in japanischen bzw. asiatischen Unternehmen durch deren traditionelle Gruppenorientierung und hohen Stellenwert der Bildung schneller umgesetzt werden als im individuell geprägten Westen, wo jeder für sich tätig wird und seine eigenen Überlegungen präsentiert (s. 3.2, Dahm u.a. 2007: 158f). Das Outsourcing in die Volksrepublik China und die schwebende Angst der Verlagerung von Arbeitsplätzen werden in den Hintergrund treten, jedoch wird es zunehmend wichtiger, die Wertschöpfungsketten optimal an die Unternehmensbedürfnisse auszurichten.

5.3 Kostenplanung ergänzend zum QMS

Wenn ein Unternehmen nach ISO 9001 zertifiziert ist und die Philosophie auch konsequent lebt, wurden die qualitätsorientierten Methoden aus Kapitel 4 zum größten Teil bereits integriert. Es verbleiben die Integration der kostenorientierten Methoden der Wertanalyse (s. 4.7) und des Target Costings (4.8). Die Wertanalyse ist ein eigenständiges Instrument zur Wertverbesserung existierender Produkte, als wertgestaltendes Instrument Teil von Target Costing und in seiner Funktionsorientierung ein Teil von QFD (s. 4.11). Beide Methoden können sowohl unternehmensintern als auch in Zusammenarbeit mit Zulieferern eingesetzt werden.

5.3.1 Unternehmensinterne Kostenoptimierung

In der Produktentwicklung wird vorwiegend Target Costing als kostengestaltendes Instrument eingesetzt. Wie in 4.8 beschrieben werden die zulässigen Kosten einzelner Produktbestandteile bestimmt und deren Erreichung konsequent verfolgt. Nach Definition wird dies einmalig zu Beginn einer Entwicklung durchgeführt. In Verbindung mit dem Phasenmodell der Produktentwicklung nach ISO 9001 und der Ähnlichkeit der Funktionskostenmatrix mit den Qualitätstableaus der QFD bietet sich an, ähnlich wie in der Planungskaskade bei QFD die Funktionskostenmatrix mit jeder Entwicklungsphase weiter zu verfeinern.

Daten zur Auswahl von geeigneten Objekten zur Durchführung einer Wertanalyse liefern die Statistiken aus dem Analyseprozess der ISO9001 oder die ABC-Analyse, wenn interne Wertverbesserungsprojekte gestartet werden. Eine weitere Quelle kann das betriebliche Vorschlagswesen im Sinne von Kaizen (s 4.5) sein. Bei kleineren Projekten wäre die Abarbeitung mit Hilfe von PDCA anstatt des Wertanalysearbeitsplans möglich. Zur Förderung von mittels Kaizen eingebrachter Wertverbesserungsvorschläge müssen ein Anreizsystem und ggf. mehrere Wertanalyse-Teams geschaffen werden, da sonst nicht davon auszugehen ist, dass einzelne Mitarbeiter, vor allem aus dem produktiven Bereich, von sich aus potentielle Objekte identifizieren (s. 3.2.1).

In jedem Fall sind die Methoden und Vorgehensweisen zur Kostenoptimierung in einem Prozess zu erfassen und gemäß den Dokumentationsanforderungen der ISO 9001 in entsprechenden Verfahrensanweisungen festzuhalten.

5.3.2 Zusammenarbeit mit Lieferanten

Bei Zukaufteilen ist zunächst nach der Teileart zu differenzieren (s. Abb. 5.3). Normteile, die funktionsgleich bzw. 1:1 austauschbar, von einer Vielzahl von Lieferanten erhältlich sind, können sehr leicht durch ihren Listenpreis differenziert werden. Die Entscheidung zwischen den Lieferanten kann außer über den Preis eventuell noch anhand zusätzlicher Dienstleistungen, z.B. im Bereich Logistik erfolgen. Katalogteile sind üblicherweise unabhängige Eigenentwicklungen von Lieferanten (vgl. Buggert u.a. 1995: 109), und zwischen unterschiedlichen Lieferanten u.U. nicht 1:1 austauschbar, z.b. durch unterschiedliche Anschlussmaße bei gleicher Funktion. Eine Entscheidung ist auch hier in erster Linie anhand von Listenpreisen möglich. Detailvorgegebene Teile sind kundenspezifisch, der Lieferant erhält Zeichnungen zur Herstellung, anhand derer aber auch andere Lieferanten den Teil herstellen können. Ein Vergleich ist durch das Einholen mehrerer Angebote möglich, ein Zielpreis kann grob anhand von Material und Fertigungsverfahren errechnet werden. Innovative Zulieferer können sich durch Vorschläge zu alternativen Materialien und Herstellungsverfahren, sowie durch die Identifikation von Preistreibern einbringen.

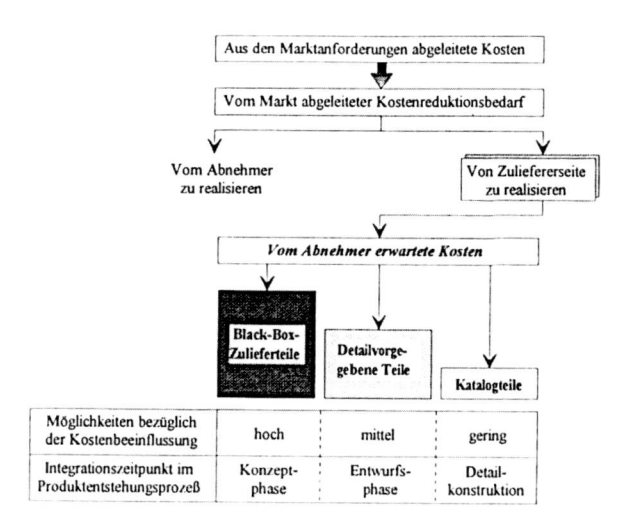

Abb. 5.3: Zulieferintegration beim Target Costing

Quelle: Buggert u.a. 1995: 108

Bei sogenannten „Black-Box" Teilen übernimmt der Zulieferer einen Teil der Entwicklungsarbeit und bekommt vom Hersteller Vorgaben über die Anforderungen an Kosten und Leistungen, sowie zu den Schnittstellendetails. Die Lieferantenauswahl erfolgt aufgrund von Erfahrungen und Fähigkeiten in der Produktentwicklung. Im Rahmen produktfunktionaler Vorgaben besteht die größte Kostengestaltungsmöglichkeit (vgl. Buggert u.a. 1995: 108f). Eine Kostenkontrolle ist, wenn nötig, über eine eigene Bottom-Up Kalkulation anhand der Stückliste möglich.

Weit mehr Potential als in der gemeinsamen Target Costing basierenden Kostengestaltung, liegt in der wertanalytischen Optimierung im Rahmen eines Lieferanten-Workshops. Wenn der Zulieferer dazu bereit ist soll zu Beginn vereinbart werden, zu welchen Gunsten die identifizierten Potentiale aufgeteilt werden, um die partnerschaftliche Zusammenarbeit zu unterstreichen. Ansatzpunkte zur Kostenreduzierung ergeben sich außer bei Materialwahl und Fertigungsverfahren in der kritischen Durchsicht von Zeichnungen und technischen Spezifikationen. In vielen Fällen werden, in Unkenntnis der Möglichkeiten und Prozesse der Zulieferer, durch die Konstrukteure und Entwickler der Hersteller, Spezifikationen unnötig kostenintensiv definiert, sowie „Angsttoleranzen" vorgegeben. Die Spezifikationen, die unverhältnismäßig hohe Kosten verursachen sind darauf hin vom Zulieferer zu benennen und in gemeinsamer Abstimmung zu lockern bzw. Toleranzen zu öffnen (vgl. Wildemann 2009a: 35). Derartige Workshops sollten bei kostenintensiven Teilen und Baugruppen regelmäßig abgehalten werden, um eventuelle technische Fortschritte bei Komponenten und Herstellungsverfahren in die Betrachtung einfließen zu lassen.

Die von Wildemann empfohlene Vorgangsweise deckt sich mit der gängigen Praxis im japanischen Keiretsu-System (s. 4.1), im Gegensatz dazu sind jedoch in Europa finanzielle Verflechtungen eher die Ausnahme als die Regel.

5.3.3 Die Optimierung der Wertschöpfungskette

Analysen zufolge haben Unternehmen mit einem höheren Anteil an Eigenfertigung eine erheblich höhere Rendite. Doch nicht die Eigenfertigung schlechthin sondern die richtige Fertigungstiefe an den richtigen Stellen macht das Selbstproduzieren günstiger als das Outsourcing. Behalten muss sich ein Unternehmen in jedem Fall jene Technologien, die zu seinen Kernkompetenzen zählen, die sich jedoch mit der Entwicklung der Technik ändern können. Die Trennung von Randkompetenzen kann jedoch zu einem hohen Koordinationsaufwand und verminderter Flexibilität führen, Änderungen in der Nachfrage ziehen zusätzliche Kosten für Abstimmungen nach sich. In jedem Fall muss sichergestellt werden, dass die Kostenvorteile beim Outsourcing nicht an anderen Stellen im Unternehmen durch die Koordinationsaufwände und Zeitverluste aufgehoben werden (vgl. Wildemann 2005: 531ff).

6 Fazit und Ausblick

Die wirtschaftliche Entwicklung lässt erkennen, dass außer einem verstärkten Wettbewerb eine Vielzahl an neuen Faktoren hinzukommt, mit denen sich Unternehmen in Europa in der näheren Zukunft auseinander setzen werden müssen. Der eigentliche Produktionsprozess wird weniger im Mittelpunkt stehen, die Anforderungen aus der sich verändernden Umwelt werden in den Fokus des betrieblichen Handelns rücken.

Die viel gepriesenen japanischen Managementansätze waren die Antwort der Wirtschaft auf die Mangelsituation nach dem zweiten Weltkrieg und ermöglichten, dass Toyota zu einem der größten Automobilhersteller der Welt aufstieg. Ressourcenknappheit herrscht zwar auch heute wieder, eine Antwort auf die neuen Herausforderungen finden die teils über sechzig Jahre alten Grundsätze allerdings nicht. Viel mehr kämpft die japanische Wirtschaft mehr denn je mit dem Druck globaler Wettbewerber, vor allem aus dem benachbarten China. Trotz der selben ethnischen Wurzeln hat es China in den letzten dreißig Jahren geschafft, wirtschaftlich an Japan weit vorbei zu ziehen. China wird aufgrund seiner über Jahrhunderte gewachsenen Strukturen und der straffen Organisation der Einparteienregierung unter Bezug auf konfuzianische Ethik wieder zu der Weltmacht werden, die es noch vor einigen Generationen war.

Europa und mitunter auch Nordamerika haben komplett andere ethnische Wurzeln als die asiatischen Staaten. Während die japanischen Managementmethoden aufgrund der konfuzianischen Gruppenorientierung in asiatischen Ländern weitgehend selbststeuernd funktionieren, bedarf es im durch Individualismus geprägten Westen einer starken Führung um die Methoden umzusetzen. Während der Erstellung dieser Studie wurde allerdings erkannt, dass eine sinnvolle Kombination verschiedener Methoden zur Qualitätsplanung bereits in den Normen der Reihe ISO 9000ff existiert und deren Ausübung in den Unternehmen bereits gängige Praxis ist. Politisch sind alle Staaten in Europa unabhängig, Verordnungen, Beschlüsse und Richtlichtlinien des europäischen Parlaments müssen zwar in nationales Recht umgesetzt werden, deren Inhalt hat jedoch nicht annähernd jenen Einfluss auf die wirtschaftliche Entwicklung, wie dies die KPCh in China umsetzen kann.

Was man heute noch von den Japanern lernen kann ist einerseits die Methode des Target Costings zur Kostenbeeinflussung und andererseits deren effiziente Form zur Kostengestaltung in den Unternehmensverbünden der Keiretsus.

Quellenverzeichnis

Akao, Yoji (1997): QFD: Past, Present, and Future. In: International Symposium on QFD '97 – Linköping.

Androsch, Hannes / Marin, Bernd (2012): Die Sicherung der Pensionen verlangt Lösungen und nicht überflüssige Polemik. URL: http://www.ots.at/presseaussendung/OTS_20121019_OTS0050 [Stand: 19.10.2012].

Anzenberger, Andreas (2012): Europas Hightech-Industrie verliert völlig an Bedeutung. In: Kurier (25.09.2012: 12).

Bayer, Marc / Buley, Sven (2012): Trend Monitor 2012 – Steigerung der Wertschöpfung im B2B Vertrieb von Automobilzulieferern. Sindelfingen MBtech Consulting GmbH.

Bayer, Paul (2008): PDCA und DMAIC. URL: http://www.wandelweb.de/blog/?p=82 [Stand: 31.12.2008].

Becker, Leo (2012) Apple-Chef: Teil der Mac-Produktion kehrt in die USA zurück. URL: http://heise.de/-1763631 [Stand: 06.12.2012].

Bitkom (2012): 43.000 offene Stellen für IT-Experten. URL: http://www.bitkom.org/de/markt_statistik/64054_73892.aspx [Stand: 30.10.2012].

bmfit (2010): Position österreichischer Luftfahrt-Unternehmen in der Zulieferkette und Überlegungen zu clusterpolitischen Maßnahmen in Österreich. Wien: Bundesministerium für Verkehr, Innovation und Technologie, Abteilung für Mobilitäts- und Verkehrstechnologien.

Bondt, René (2000): Wie verpflichtet man Manager auf Qualität? Zürich: The Swiss Deming Institute.

Brauer, Jörg-Peter (2009): DIN EN ISO 9000: 2000ff. umsetzen. 5. Auflage, München: Carl Hanser Verlag GmbH & CO. KG.

Brodda, Yvonne / Heintel, Martin (2009): Regionalentwicklung im Bereich inneralpiner Eisenindustrieund Bergbaustandorte. In: Hitz, Harald / Wohlschlägl, Helmut (Hrsg): Das östliche Österreich und benachbarte Regionen: ein geographischer Exkursionsführer. Wien: Böhlau Verlag Ges.m.b.H. und Co. KG.

Brunner, Franz J. (2010): Qualität im Service, Wege zur besseren Dienstleistung. München: Carl Hanser Verlag GmbH & CO. KG

Brunner, Franz J. (2011): Japanische Erfolgskonzepte. 2. Auflage, München: Carl Hanser Verlag GmbH & CO. KG.

BSI (2012): Facts and figures. URL: http://www.bsigroup.com/en-GB/About-BSI/Media-Centre/Facts-and-figures/ [Stand: 19.12.2012].

Buggert, Willi (1984): Die Bedeutung der Arbeit für den Menschen. In: Wendt, Herbert (Hrsg): Kindlers Enzyklopädie, Der Mensch, Band 8: Politik, Wirtschaft und Recht. Zürich: Kindler Verlag AG, S. 405-427.

Buggert, Willi / Wielpütz, Axel (1995): Target Costing, Grundlagen und Umsetzung des Zielkostenmanagements. München, Wien: Carl Hanser Verlag GmbH & CO. KG.

Bundesagentur für Arbeit (2012): Der Arbeitsmarkt im Oktober 2012: Schwächere Beschäftigungsentwicklung. URL: http://www.arbeitsagentur.de/nn_27030/zentraler-Content/Pressemeldungen/2012/Presse-12-047.html [Stand: 30.10.2012].

Burr, Wolfgang / Stephan, Michael (2006): Dienstleistungsmanagement, Innovative Wertschöpfungskonzepte für Dienstleistungsunternehmen. Stuttgart: W. Kohlhammer GmbH

Burt, David / Doyle, Michael (1994): Amerikanisches Keiretsu – Die neue Waffe zur Kostensenkung. Düsseldorf: ECON Verlag.

Charlet, Laurent (2012): ISO Survey. URL: http://www.iso.org/iso/home/standards/certification/iso-survey.htm [Stand: 30.08.2012].

Cline, William R. / Williamson, John (2008): New Estimates of Fundamental Equilibrium Exchange Rates. Washington: Peterson Institute.

Dahm, Markus H. / Haindl, Christoph (2007): Was kann der Mittelstand von japanischen Managementansätzen lernen. In: Betriebswirtschaft im Blickpunkt (06/2007: 157-163).

Dahm, Markus H. / Haindl, Christoph (2011): Lean Management und Six Sigma. Qualität und Wirtschaftlichkeit in der Wettbewerbsstrategie. Berlin: Erich Schmidt Verlag GmbH & Co KG.

Derichs, Claudia / Lukner, Kerstin (2008): Japan: Politisches System und politischer Wandel. In: Heberer, Thomas / Derich, Claudia (Hrsg): Einführung in die politischen Systeme Ostasiens: VR China, Hongkong, Japan, Nordkorea, Südkorea, Taiwan. 2., akt. u. erw. Aufl. 2008, Wiesbaden: VS Verlag für Sozialwissenschaften

Die Welt (2012): China bunkert Seltene Erden für den Eigenbedarf. URL: http://www.welt.de/108773610 [Stand: 24.08.2012].

Die Welt (2012a): In Deutschland wird nach seltenen Erden gebohrt. URL: http://www.welt.de/106207463 [Stand: 24.08.2012].

Dinger, Helmut (2002): Target Costing: Praktische Anwendung im Entwicklungsprozess. 2. Auflage, München: Carl Hanser Verlag GmbH & CO. KG.

Dirks, Daniel (1996): Japanisches Management am Scheideweg? Zur Transformation eines "Systems". In: Japanstudien 7. Reformen im politökonomischen System Japans. München: iudicium Verlag. S. 323-365.

Dvorak, Paul (1998): Poka-yoke designs make assemblies mistakeproof. In: Machine Design (10.03.1998, 181-184).

Eberhorn, Johannes (2011): Qin Shihuangdi - der erste Kaiser von China. URL: http://www.planet-wissen.de/politik_geschichte/archaeologie/archaeologie_china/china_portraet_kaiser.jsp [Stand: 27.05.2011].

Elektro Journal (2009): Zu hohe Transportkosten: Indesit schließt das Werk in China und investiert dafür in Polen. URL: http://www.elektrojournal.at/ireds-95728.html [Stand: 20.10.2009].

Elektro Journal (2010): Samsung hat eine erste Fertigungsstätte für Kühlschränke und Waschmaschinen in Europa. URL: http://www.elektrojournal.at/ireds-99344.html [Stand: 11.01.2010].

Eschenbacher, Veronica (2012): Der Bergbau kehrt nach Europa zurück. In: Wiener Zeitung, URL: http://www.wienerzeitung.at/488981 [Stand: 24.09.2012].

Financial Times Deutschland (2010): Peking lockert Renminbi-Bindung an den Dollar. URL: http://www.ftd.de/50130638.html [Stand: 20.06.2010].

Freiling, Renate (2012): Mit mehr Pfiff gegen Polo & Co. URL: http://www.handelsblatt.com/6640072.html [Stand: 17.05.2012].

Furterer, Sandy L. (2011): Applying lean Six Sigma to reduce linen loss in an acute care hospital. In: International Journal of Engineering, Science and Technology (Vol. 3, No. 7, 2011:. 39-55).

Geiger, Gerhard / Hering, Ekbert / Kummer, Rolf (2011): Kanban, Optimale Steuerung von Prozessen. 3. Aktualisierte Auflage, München: Carl Hanser Verlag GmbH & CO. KG.

Gross, John M. / McInnis, Kenneth R. (2003): Kanban Made Simple, Demystifying and Applying Toyota's Legendary Manufacturing Process. New York: Mcgraw-Hill Professional.

Großmann, Harald / Otto, Alkis / Stiller, Silvia / Wedemeier, Jan (2006): Maritime Wirtschaft und Transportlogistik. Band A: Perspektiven des maritimen Handels – Frachtschiffahrt und Hafenwirtschaft. Hamburg: HWWI Hamburgisches WeltWirtschaftsInstitut.

Harting, Falk (2008): Kommunistische Partei Chinas: Volkspartei für Wachstum und Harmonie? In: IPG (2/2008: 70-89).

Hoffmann Heinz J. (1994): Wertanalyse – Die westliche Antwort auf Kaizen. Frankfurt/M-Berlin: Ullstein.

Hummel, Thomas / Malorny, Christian (2002): Total Quality Management: Tipps für die Einführung. 3. Auflage, München: Carl Hanser Verlag GmbH & CO. KG.

Hyundai (2012): Corporate Information - History. URL: http://worldwide.hyundai.com/WW/Corporate/CorporateInformation/History/index.html [Stand: 25.11.2012].

Juchler, Ingo (2008): Volksrepublik China - Eine neue Weltmacht? Villingen-Schwenningen: Neckar-Verlag GmbH.

Kerber, Bärbel (2008): Die Arbeitsfalle: Wie man sein Leben zurückgewinnt. Regensburg: Walhalla Fachverlag.

Kerkow, Uwe / Martens, Jens / Müller, Axel (2012): Vom Erz zum Auto. Aachen: Bischöfliches Hilfswerk MISEREOR e.V.

Kerschbaumer, Gerald / Konar, Martin / Lorenz, Edgar (2004): Gewässerbetreuungskonzept Glan: Gewässerökologie. Klagenfurt: Kärntner Institut für Seenforschung

Kinkel, Steffen / Maloca, Spomenka / Jäger, Angela (2008): Produktions- und FuE-Verlagerungen ins Ausland. Karlsruhe: Fraunhofer Institut System- und Innovationsforschung.

Klein, Bernd (2012): QFD – Quality Function Deployment. 2. verb. u. erw. Aufl., Renningen: expert verlag GmbH.

Klein, Bernd / Schmidt, Velbert (2001): Früher auf dem Markt. Erfolgspotentiale von QFD als Kernelement des Produktentwicklungsprozesses. In: QZ (3/2001: 308-314).

Koller, Cornelia / Pflüger, Wolfgang / Roestel / Axel-Adrian (2006): Maritime Wirtschaft und Transportlogistik. Band B: Perspektiven für maritime Wirtschaft und Transportlogistik – Strategieansätze aus Unternehmens- und Investorensicht. Hamburg: HWWI Hamburgisches WeltWirtschaftsInstitut.

Kostka, Claudia / Kostka, Sebastian (2011): Der Kontinuierliche Verbesserungsprozess, Methoden des KVP. 5. Auflage, München: Carl Hanser Verlag GmbH & CO. KG.

Kroslid, Drag / Faber, Konrad / Magnusson, Kjell / Bergman, Bo (2003): Six Sigma, Erfolg durch Breakthrough- Verbesserungen. München: Carl Hanser Verlag GmbH & CO. KG.

Marx, Karl (1867): Das Kapital. Kritik der politischen Oekonomie. Buch 1: Der Produktionsprocess des Kapitals. Hamburg: Verlag von Otto Meissner.

Maslow, Abraham Harold (1943): A Therory of Human Motiation. In: Psychological Review (1943, Vol. 50: 370-396).

Miles, Lawrence D. (1989): Techniques of value analysis and engineering. 3rd edition, Madison: Eleanor Miles Walker.

Moen, Ronald / Norman, Clifford (2009): Evolution of the PDCA Cycle. URL: http://kaizensite.com/learninglean/wp-content/uploads/2012/09/Evolution-of-PDCA.pdf [Stand: 24.07.2009].

NORM ISO 14001 (11/2009): Environmental management systems - Requirements with guidance for use

NORM ISO 9004 (01.11.2009): Managing for the sustained success of an organization - A quality management approach

Pierk, Christine (2012): Die Ein-Kind-Politik der VR China und ihre Auswirkungen. URL: http://www.igfm.de/978.0.html [Stand: 02.12.2012].

Pohl, Hans-Joachim (1970): Kritik der Drei-Sektoren-Theorie. In: Mitteilungen aus der Arbeitsmarkt- und Berufsforschung. Jg. 3, 1970, Heft 4, S. 313-325.

Poschmann, Hartmut (2006): Energieverbrauch senken - nach WEEE und RoHS stellt künftig die EuP-Richtlinie neue Anforderungen an die Endgeräte. In: Elektronik Praxis Sonderheft Marktreport bleifrei (05/2006: S44-48).

Preißner, Andreas (2003):Kalkulation und Preispolitik. München: Carl Hanser Verlag GmbH & CO. KG.

prognos (2008): Erfahrung rechnet sich- Aus Kompetenzen Älterer Erfolgsgrundlagen schaffen. Berlin: Bundesministerium für Familie, Senioren, Frauen und Jugend.

Renn, Heinz (2003): Wirtschaftsstatistik Studienbrief 7, Verfahren der schließenden Statistik. 2. Auflage, Hamburg: HFH Hamburger Fern-Hochschule.

Rießelmann, Julia (2011): Wertstromdesign, effizient mit Ressourcen umgehen. Eschborn: RKW Rationalisierungs- und Innovationszentrum e.V.

ROHS Guide (2012): Other RoHS Green Initiatives Worldwide. URL: http://www.rohsguide.com/rohs-future.htm [Stand: 28.11.2012].

Saatweber, Jutta (2007): Kundenorientierung durch Quality Function Deployment Systematisches Entwickeln von Produkten und Dienstleistungen. 2. Auflage, Düsseldorf: Symposium Publishing GmbH.

Sachverständigenrat zur Begutachtung der gesamtwirtschaftlichen Entwicklung (2011): Herausforderungen des demografischen Wandels. Wiesbaden: Statistisches Bundesamt.

Sandner, Philipp / Schäfer, Victoria / Ebinger, Alexander / Taing, Stefan / Böing, Philip (2012): Chinese Champions – Patente made in China. München: Munich Innovation Group.

Scheuss, Ralph (2007): Der Sprung des Drachen. Frankfurt: Campus Verlag.

Schieck, Arno (2008): Internationale Logistik: Objekte, Prozesse und Infrastrukturen grenzüberschreitender Güterströme. München: Oldenbourg Wirtschaftsverlag GmbH

Seinitz, Kurt (2012): Angst vor der „China AG". In: Kärntner Krone (27.10.2012: 6-7).

Siebert, Gunnar (2008): Benchmarking, Leitfaden für die Praxis. 3., vollständig überarbeitete Auflage, München: Carl Hanser Verlag.

Siebert, Horst (1984): Die Notwendigkeit des Wirtschaftens. In: Wendt, Herbert (Hrsg): Kindlers Enzyklopädie, Der Mensch, Band 8: Politik, Wirtschaft und Recht. Zürich: Kindler Verlag AG, S. 236-264.

Smith, Adam (2011): An Inquiry into the Nature and Causes of the Wealth of Nations. The Project Gutenberg EBook #3300.

Statistik Austria (2011): Gütereinsatzstatistik 2010. URL: http://www.statistik.at/web_de/statistiken/produktion_und_bauwesen/guetereinsatzdaten/034195.html [Stand: 23.11.2011].

Statistik Austria (2012): Leistungs- und Strukturdaten. URL: https://www.statistik.at/web_de/statistiken/produktion_und_bauwesen/leistungs_und_strukturdaten/index.html [Stand: 29.06.2012].

Statistik Austria (2012a): Arbeitskräfteerhebung – Ergebnisse des Mikrozensus. Wien: Statistik Austria.

Statistik Austria (2012b): Bevölkerung nach Alter und Geschlecht. URL: http://www.statistik.at/web_de/statistiken/bevoelkerung/ bevoelkerungsstruktur/bevoelkerung_nach_alter_geschlecht/index.html [Stand: 11.06.2012].

Staudacher, Anita (2012): Fachkräftemangel bietet Chancen für ältere Arbeitnehmer. In: Kurier (16.11.2012: 11).

TARIC (2012): Europäische Kommission, Steuern und Zollunion, TARIC-Information. URL:http://ec.europa.eu/taxation_customs/dds2/taric/ taric_consultation.jsp?Lang=de [Stand: 06.12.2012].

Tavasli, Serkan (2009): Six Sigma: Ein moderner Ansatz von Qualitätsmanagement. In: TU International (64 August 2009: 27-29).

Tirpitz, Alexander / Groll, Constantin / Ghane, Keywan (2011): Chinese Companies Enter Germany - Herausforderungen chinesischer Unternehmen beim Markteintritt in Deutschland. Berlin: German Center for Market Entry.

Töpfer, Armin (2004: Six Sigma: Projektmanagement für Null-Fehler-Qualität in der Automobilindustrie. In: ZfAW (2/2004: 13-24).

Toyota (2012): Built in Britain. URL:http://www.toyota.co.uk/cgi-bin/toyota/ bv/generic_editorial.jsp?navRoot=toyota_1024_root&fullwidth=TRUE& edname=Builtinbritain-Landing&zone=Zone+See+the+Range& id=Sitemap_BiB [Stand: 09.12.2012].

TPCA (2012): About us. URL: http://www.tpca.cz/en/about-us [Stand: 25.11.2012].

Ulrich, Erhard (1984): Was kommt nach den technischen Revolutionen? – Soziale Innovationen. In: Mitteilungen aus der Arbeitsmarkt- und Berufsforschung. Jg. 17, 1984, Heft 1, S. 19-27.

VBM / Wildemann, Horst (2005): Wertschöpfung hat Wert! Industrielle Erneuerung als Wirtschaftsmotor, München: Verband der Bayrischen Metall- und Elektroindustrie e.V.

Vollmuth, Hilmar J. (1997): Martktorientiertes Kostenmanagement. Planegg: WRS Verlag Wirtschaft, Recht und Steuern GmbH & Co KG.

Vollmuth, Hilmar J. (2008): Controllinginstrumente von A - Z: Die wichtigsten Werkzeuge zur Unternehmenssteuerung. 7. erweiterte Auflage, Planegg/München: Rudolf Haufe Verlag GmbH & Co KG.

Weber, Rolf / Barth, Hanns Günther (2001): Die neue Preiskalkulation bei Zielpreisen. Renningern: expert verlag.

Wildemann, Horst (2003): Was bedeutet Globalisierung? – Welche Prozesse finden im Unternehmen stat. München: TCW Standpunkt Nr. VII / 2002/03.

Wildemann, Horst (2005): Unternehmensstandort Deutschland – Ansätze zur Gestaltung einer wettbewerbsfähigen Wertschöpfung. In: Büchel, Rudolf (Hrsg): Deutsche Wirtschaftschronik 3. Ausgabe. 1. Auflage, München: Dwc Medien, S. 524-536.

Wildemann, Horst (2007): Wertsteigerung durch Wertschöpfung. In: Das Schweizer Industriemagazin (Hauptausgabe 2007: 6-12).

Wildemann, Horst (2009): Produktionsstandort Deutschland für die chemische Industrie – Ergebnisse einer empirischen Studie. In: Specht, Dieter (Hrsg): Weiterentwicklung der Produktion, Wiesbaden: Springer Gabler | Springer-Verlag GmbH, S. 19-30.

Wildemann, Horst (2009a): Preisreduzierung gelungen, Lieferant tot. In: Beschaffung aktuell (9/2009: 34-35).

Wildemann, Ricarda (2009b): Billiger ist nicht besser: InOutsource. München: TCW Transfer-Centrum GmbH & Co. KG.

Wilhelm, Richard (2007): Konfuzius Gespräche (Lun Yü). Köln: Anaconda Verlag GmbH.

Wilkens, Andreas (2012): Mit dem Schraubendreher gegen die Elektroschrott-Lawine. URL: http://heise.de/-1739017 [Stand: 30.10.2012].

Wohinz, Josef W./Mitterer Nikolaus (2011): Value Management (Wertanalyse). Auflage 2011, Graz: TU Graz, Institut für Industriebetriebslehre und Innovationsforschung.

Wolff, Heimfrid (1990): Das Dienstleistungswachstum – eine moderne Umwegproduktion. In: Mitteilungen aus der Arbeitsmarkt- und Berufsforschung. Jg. 23, 1990, Heft 1, S. 63-67.

Worldsteel ASSOCIATION (2011): Steel production 2011. URL: http://www.worldsteel.org/statistics/statistics-archive/2011-steel-production.html [Stand: 30.10.2012].

Gesetze und Rechtsverordnungen

Beschluss 1720/2006/EG des Europäischen Parlaments und des Rates vom 15. November 2006 über ein Aktionsprogramm im Bereich des lebenslangen Lernens

Richtlinie 2002/96/EG des Europäischen Parlaments und des Rates vom 27. Januar 2003 über Elektro- und Elektronik-Altgeräte

Richtlinie 2003/95/EG des Europäischen Parlaments und des Rates vom 27. Jänner 2002 zur Beschränkung der Verwendung bestimmter gefährlicher Stoffe in Elektro- und Elektronikgeräten

Verordnung 1907/2006/EG des Europäischen Parlaments und des Rates vom 18. Dezember 2006 zur Registrierung, Bewertung, Zulassung und Beschränkung chemischer Stoffe (REACH), zur Schaffung einer Europäischen Agentur für chemische Stoffe, zur Änderung der Richtlinie 1999/45/EG und zur Aufhebung der Verordnung (EWG) Nr. 793/93 des Rates, der Verordnung (EG) Nr. 1488/94 der Kommission, der Richtlinie 76/769/EWG des Rates sowie der Richtlinien 91/155/EWG, 93/67/EWG, 93/105/EG und 2000/21/EG der Kommission